The Virtues
of
the
Bourgeoisie

Deirdre N. McCloskey

经济学家的恶习
The Vices of
Economists

广西师范大学出版社
·桂林·

经济学家的恶习
JINGJIXUEJIA DE EXI

The Vices of Economists; The Virtues of the Bourgeoisie

© Deirdre N. McCloskey, 1996.
All rights reserved.
著作权合同登记号桂图登字：20-2024-061

图书在版编目（CIP）数据

经济学家的恶习 /（美）迪尔德丽·N. 麦克洛斯基著；曹乾，吴小康译. -- 桂林：广西师范大学出版社，2025.1. -- ISBN 978-7-5598-7173-2

Ⅰ. F0

中国国家版本馆 CIP 数据核字第 20248VB873 号

广西师范大学出版社出版发行

（广西桂林市五里店路 9 号　邮政编码：541004）
（网址：http://www.bbtpress.com）

出版人：黄轩庄
全国新华书店经销
广西广大印务有限责任公司印刷
（桂林市临桂区秧塘工业园西城大道北侧广西师范大学出版社集团有限公司创意产业园内　邮政编码：541199）
开本：880 mm ×1 240 mm　1/32
印张：4.125　　　　字数：100 千
2025 年 1 月第 1 版　2025 年 1 月第 1 次印刷
定价：42.00 元

如发现印装质量问题，影响阅读，请与出版社发行部门联系调换。

前　言

1996年5月10日，我在鹿特丹伊拉斯姆斯大学的就职演说中提出了一些问题，本书将对这些问题继续展开探讨。事实上，我老早就思考过这些问题，参见拙著《经济学的知识与说服》、《经济学的叙事》和《经济学的修辞》。这里我的思考稍微有些超前，核心问题可以描述为："经济学衰落了吗？"这是你学习经济学感到困惑时会有的念头。我热爱并最先接受教育的领域出现了问题，感到困惑的经济学家对此并没有足够的认识。我认为问题的根源出现在20世纪40年代三个看似可行的计划，它们分别来自三位才华横溢的经济学家，可惜它们都没有奏效。

坦率地说，情况更糟。20世纪40年代的三个创举——统计显著性、黑板证明和社会工程学——不是真正的经济学。现代经济学的大部分内容都涉及这三个"恶习"，因此大部分内容都必须改进。这三者的核心是经济学的机械化（mechanization）。机械化导致了一场智力悲剧。你可以钦佩悲剧英雄的勇气，但仍会感到惋惜。

在这个信仰缺失、质疑一切的时代，标题《经济学家的恶习》

中的"恶习"（vice）一词，似乎用得有些过分。但我只是把它当作另一个应该获得新生的旧词汇"美德"（virtue）的反义词。人们通常把"美德"和"恶习"与宗教的原教旨主义联系在一起。但在以前，像亚当·斯密这样的经济学家，经常用这些词汇来描述人性中的好与坏。最近"美德伦理学"在哲学界重新兴起。当你不再谈论一个无差别的"好"经济学家或"坏"政治家时，你就会开始提及美德与恶习。

20世纪40年代，美德没有起作用，并被恶习取代，这也是我的主要观点：证据表明，将人类社会机械化的野心，无论是在一个经济体还是在一个经济学系领域，都无法成功。"现代主义"运动给了我们丑陋的建筑和可怕频繁的小战争，它在经济学中的效果并不比在建筑艺术或政治学中的好。20世纪40年代的人，曾是现代主义者。我们的子孙被困在他们失败的项目中。我想是时候摆脱他们，继续前进了。

致　谢

我于1996年在伊拉斯姆斯大学访学期间写下了这本小书。能有机会谈论这些思想，我感谢伊拉斯姆斯这所院校，以及它的计量经济学和商务经济学社群。在这一年内听到我关于经济学的担忧，并尽力使我走在正确的轨道上的其他人和机构包括Wilfred Dolfsma，Jean Gaakeer、Arjo Klamer、Uskali Mäki、Irene van Staveren，阿姆斯特丹大学的论证理论研讨会、代尔夫特理工大学的凤凰协会、经济事务研究所（伦敦）、安特卫普进化政治经济学欧洲协会年会，以及东安格利亚大学、约克大学（加拿大）、麦考瑞大学、格罗宁根大学、邓迪大学、都柏林大学学院、伦敦经济学院、布拉班特天主教大学、布鲁塞尔自由大学、哥德堡大学和哥本哈根大学经济学研讨会。

我想感谢伊拉斯姆斯大学的校长Piet Akkerma，他以多种方式展现了我在这里所赞扬的自由主义及人文价值观。感谢经济系、哲学系以及艺术和文化研究系对一个在他们主流科学之外的人的好客之情。我原以为荷兰人比美国人更拘谨，更不热情，但我错了。感谢我学术上的同事兼老师、学生、职员，以及我在鹿特丹学院外结交的许多朋友，感谢他们对我超乎寻常的欢迎，邀请我去他们家里做客，与我分享他们的思考与快乐，在生活和工作中都给予我帮助。历史上的荷兰并不一直像现在这样开放与包容。在20世纪50年代，有一种说法是，女性会因穿裤子而被捕。据真实记载，在1957年，在没有丈夫允许的情况下，一个已婚女性在市场中工作是非法的。但荷兰最开放和包容的阶段是它的"黄金时代"。我必须亲自感谢Arjo Klamer和Marijke Prins对我的惊人善意，以及Trees，Marianne Ketting，Eugenia还有Robert Cox的善意。我还想感谢我的母亲，Helen McCloskey，她漂洋过海来看望她的女儿。她也正处在她的第二个"黄金时代"。

目 录

第一章　沙盒游戏里的男孩　　　　　　　　　　1

第二章　无关紧要的统计显著性　　　　　　　　9

第三章　黑板经济学的徒劳无功　　　　　　　　49

第四章　社会工程学的傲慢　　　　　　　　　　85
　　　　社会工程学行不通　　　　　　　　　　88
　　　　社会工程学是不自由的　　　　　　　　103

第五章　一种新的、谦虚的经济科学　　　　　　109

中英文书名、文章名、期刊名对照表　　　　　　117
参考文献　　　　　　　　　　　　　　　　　　119

第一章
沙盒游戏里的男孩

经济学研究领域，目前存在着一个问题。这个问题就是经济学的方法是错误的，由此产生的结果也是错误的。这些方法声称实践了弗朗西斯·培根的新科学——"思想本身从一开始就不是走自己的路，而是每一步都受到指导，整个过程就像用机器一样来完成"（Bacon, 1620[1965]: 327）。

这种现状令人难过。可悲的是，经济学家（主要是男性），相信他们的机械化方法是正确的，并且能产生正确的结果。这些人像公鸡一样骄傲地向政府提供建议，而且互相批评，就好像他们在做真正的科学研究一样。经济学家们很开心，为自己的男性成就感到自豪。他们的西装笔挺，报告流利，数字有分量。老天，希望他们是正确的！经济学家们聪明而勤奋。他们遵循最优秀的经济学家所制定的机械思维规则。他们有着善意和不错的头脑。他们不应该只配拥有缺乏科学发现的科学。任何拥有人类怜悯之心的人都不会对他们的错误感到开心。

这就像阿姨看着三岁的侄子和他的朋友们在沙盒里玩耍。他们认真操作，充满自信和活力，确信他们所做的就是现实。阿姨不可能告诉他们错了。她放纵他们，并告诉他们一切都很好。哇，汉斯，你在沙地上建造了一座伟大的堡垒，太棒了。埃里克，你做得也很好。

这正是男孩游戏的悲哀所在。与女孩的游戏不同——女孩的游戏具有现实意义——男孩在沙盒中的游戏，也许能为成年后挖土和运土工作提供经验，除此之外毫无意义。（有人也许会质疑说，电子游戏也是沙盒，它们能为驾驶喷气式战斗机提供经验，然而，我们需要看到电子游戏本身毫无意义。）现代经济学难以言喻的可悲事实是，这个领域自1945年以来所取得的大部分成就，都是沙盒中的游戏。

这个可悲的事实有个令人惊讶的特征，它很容易从经济学本身来说明。本书论证的内容并不难以理解。这不是我的原创，在经济学家中也没有争议。说实话，后半句不太对。这个结论是有争议的，因为我认为没有什么能从错误的方法中被挽救出来。正如我所说，自"二战"以来的大部分经济学都必须被重塑。我的意思是，在我们接受经济学中大多数所谓的"科学的"发现之前，这些发现必须用另一种方法重做。这是非常有争议的，这么说会让经济学家血压上升。这不难理解，如果一个女人对一个男人说他一生的工作毫无意义，这个男人肯定会激动。

但我的每个论证都是没有争议的；相反，每一个论证都很简单而且并非我原创。如果你和一位经济学家坐在他的书房里，平静地谈论我论点的三个部分，如果你说话温和合理，他就会赞同每一个部分。(更准确的说法是,他会同意,除非他意识到后果是什么,并想保住他的工作;但我无法想象有人会如此胆小和缺乏科学精神。)可悲的是,如果你把这三部分放在一起,你就会意识到现代经济学已经变成了沙盒游戏。这令人惊讶:你使用经济学领域人人都同意的论点,证明了这个领域本身是错误的。

我真的不想激怒我的经济学同事,主要是因为我想要他们听听,认真地听听迪尔德丽阿姨所说的话,这对他们有好处。但我想让所有人包括非经济学家都清楚,所以我会以一种直接但恐怕令人不快的形式再说一遍。没有一个经济学家能回答我所提出的三个主要论点。这并不是因为我特别聪明,也不是因为我的论点特别微妙。经济学家们知道这些论点,并且知道它们是正确的。他们只需要坦率地看待自己在做什么,就会知道自己在玩沙盒游戏。

从(我的)女性视角看,令女性感到不满的是男性的浮夸。我曾经在荷兰和其他一些女经济学家交谈,我们试图想象如何才能将经济学带回现实世界。有人想出了那个女性式讽刺的主意。女人的笑声总会让男人感到害怕。她说,由于研讨会上有足够多的女性,我们可以在几分钟内羞辱男性,让他们对自己的智力游戏的态度不那么浮夸。一个男人展示了最新的经济模型或最新的统计技巧——这是他的沙堡;它会得到阿姨对她三岁侄子的尴尬赞扬:"哇,埃里克,你的沙堡真是太棒了,比任何人的都棒得多!"

我不打算在经济学上使用太多女性式的讽刺。不过,我想解释一下,为什么即使如此严厉的讽刺也有道理,以及作为社会科学女王的经济学在过去五十年里是如何转变为沙盒中的男孩游戏的。

你可以看到,我的交流对象不限于经济学家,还包括经济学领域外的听众。从一开始,我就向这些听众明确表示,在我眼里,经济学的确是社会科学的女王。这是一套令人惊奇而美妙的智力工具,是对审慎(prudence)的研究。任何经济学家都可以举出数百个例子来说明经济学的成果。我自己曾经写过一本名为《价格理论的应用》的书就是这么做的。我和其他经济史学家已经展示了审慎作为讲述历史的一种方式是如何运作的。你可以通过政治学、社会学或法学的科学家[1]对经济学的崇拜态度,来看到经济学是多么美妙。经济学在进入沙盒的那段时间里,对这些领域产生了巨大的影响。法学院现在聘请经济学家;政治学系已经转变为经济学系的仿制品;社会学家对理性选择模型印象深刻;哲学家们用它们来解决古老的正义问题。约翰·罗尔斯(John Rawls)、罗伯特·贝茨(Robert Bates)、理查德·波斯纳(Richard Posner)、罗伯特·帕特南(Robert Putnam)、罗伯特·诺齐克(Robert Nozick)、乔恩·埃尔斯特(Jon Elster)都不是傻瓜。经济学是令人印象深刻的。确实如此。

换句话说,我并没有试图摧毁这个领域。我不希望任何看过我的小书的人说,"好吧,谢天谢地我不需要学习任何经济学,如

---

[1] 这里原文即scientists,"科学"一词在许多其他语言中(如法语、德语、日语、芬兰语等)多指"系统性探究",并非狭义的"定量研究",故此处直译为科学家。——编者

果它是一团糟的话!"社会学专业的学生如果持这种观点,那将是错误的。审慎是人类行为的一个重要动机,审慎科学不容忽视,但自20世纪末以来,大多数知识分子都忽视了这一点。资本主义是一个非常成功的经济体系,非经济学家很难分析好。我热爱经济学,由衷地钦佩它的学术传统。我不想只是结束对话。

相反,我像一个忧心忡忡的阿姨一样努力纠正很有潜力却养成坏习惯的侄子。阿姨看着三岁的侄子在沙盒中实现理想,然而在他十三岁或三十岁的时候,如果他想过上有价值的生活,他就必须克服这些幻想。如果她爱他是为了他好,她会满怀激情地希望他长大。如果我认为经济学是一门愚蠢的学科,或者市场和资本主义是邪恶的,或者经济学家是愚蠢的,即使作为阿姨,我可能也不会表示关心。

因此,尽管经济学这个奇怪而傲慢的领域并不完美,但我不想让你们这些非经济学家为此感到高兴。如果我的三个论点是正确的,那么"不完美"只是一种轻描淡写的说法,我真的很抱歉这么说。经济学中的大部分所谓科学的"产出",以及科学期刊上出现的大部分文章,其价值都是微不足道的——请注意,我没有鄙视的意思,毕竟,大多数正常的科学发现都是微不足道的,否则科学每天都会以牛顿或爱因斯坦的跳跃式来发展。我的意思是经济学的方法是错误的。这导致经济学的发现、保证和建议都是错误的。我更想指出的是,人类的计划,即使是科学计划,也不可能是完美的,而且作为资产阶级自由主义者和公民人文主义者以及西方伟大修辞传统的参与者,我们应该习惯于我们的不完美。

事实上，我认为，正是在所谓的"现代主义"中寻找一种完美的机制，才导致了这三种恶习。

这本书的标题中声称的"恶习"是现代经济学在20世纪40年代由三位最伟大的领导人劳伦斯·克莱因（Lawrence Klein）、保罗·萨缪尔森（Paul Samuelson）和扬·廷贝亨（Jan Tinbergen，也可译为"简·丁伯根"）领导而养成的三种不良的智力上的习惯。它们是涉及观察、想象和社会政策的恶习。

这三个恶习是：

首先，克莱因学派认为"统计显著性"[1]就是科学显著性（重要性）。

其次，萨缪尔森学派认为黑板上的"存在性的证明"是科学的。

第三，（这一点对于实务来说也是最重要的，也是为其他两个恶习提供辩护的）廷贝亨学派的信念是，这个伪科学的第一和第二部分——统计学显著性和黑板证明——可以应用于经济政策的制定，这在某种程度上是社会工程学。

克莱因、萨缪尔森和廷贝亨创造了这些恶习，但"罪魁祸首"是廷贝亨。统计学意义、黑板经济学和社会工程学是三个恶习，但最大的恶习是社会工程学。

我没开玩笑。我所说的三个人都是天才，他们分别获得了第

---

[1] "统计显著性"（statistical significance）的其他常见翻译还有"统计学显著性""统计学意义"等。——译者

12届、第2届和第1届诺贝尔经济学奖。在20世纪40年代的经济学史上，这三人紧密联系在一起。克莱因当时是萨缪尔森的学生。在拟合凯恩斯主义的宏观经济模型问题上，萨缪尔森提出了建议，在廷贝亨的启发下，克莱因找到了方法。我非常欣赏这三个人，真的！我将要说的任何话都不会贬低他们在20世纪40年代的辉煌愿景。20世纪60年代，我在研究生院第一次接触到他们，就对他们佩服得五体投地！我熟悉他们三个巨人中的一个，几十年来我一直是这三个巨人的狂热弟子。

但在他们一些不那么老练的弟子手中，比如我，他们20世纪40年代的绝妙想法已经结束了，已成为男孩们的沙盒游戏。男孩们（游戏中的女性没有那么多）是克莱因、萨缪尔森和廷贝亨学术意义上的儿子、孙子或曾孙。到目前为止，沙堡已经垒得很高了，很多人一直在建造它们，尽管严格意义上是在沙盒里建造的。这些游戏是对史密斯、米尔、凯恩斯，甚至克莱因、萨缪尔森和廷贝亨的科学的可悲模仿。

本书副标题中的"资产阶级美德"[1]是市场的智慧，实际上较适合现代世界。我认为，它们是西方知识分子生活中最好的美德——一种信任、协商、对话的生活，尽管这种生活方式被贵族所蔑视。集市、论坛和市场的优点甚至连资产阶级自己也不太称赞。然而它们为象牙塔的贵族美德或街头的小农美德提供了另一种选择，我觉得，这两种美德共同使经济学处于可悲的境地。

---

[1] 本书中文版未采用该副标题。——编者

"资产阶级美德"似乎是一种矛盾修辞法,因为自19世纪中叶以来,艺术家和知识分子一想到资产阶级,就想到了贪婪,除了贪婪还是贪婪。最近,一种庸俗的资产阶级生活形式变得明显,他们说:"我就是为了争第一。这有什么错吗?贪婪是好的。亚当·斯密不就赞美过贪婪吗?"不,亚当·斯密没有赞美过贪婪,他所分析的资产阶级美德不只是小农的座右铭"获取、拥有和保留是令人愉快的词语"。因此,经济学家声称自身利益导致他犯下这三种恶习,在理论上是不充分的,甚至不可爱。资产阶级的美德在于推崇事实上的严肃,理论上的谦虚和政策上的审慎。这些都不是来自20世纪40年代的那三个创举。在经济科学中,资产阶级的美德可以把经济学家(主要是男孩)从沙盒中解救出来,走向真实世界。

第二章
无关紧要的统计显著性

20世纪40年代的自负导致的第一个悲剧是"统计显著性"。这一概念于20世纪40年代和50年代被深谙数理统计学的人引入经济学，其中一位领军人物是宾夕法尼亚大学的经济学家劳伦斯·R. 克莱因。

要了解一个好主意是如何变成知识悲剧的，你的脑子里得有一个具体的例子。如今经济学中这样的例子比比皆是。

比如当一位经济学家想知道，最低工资是否导致失业，她会去看事实。当然，最低工资是一条法律，规定雇主不能以低于4.0美元或4.5美元的时薪来雇用哥伦比亚籍家政工。大多数国家都有这样的法律。如果最低工资导致大量失业，那么这可能不是一条明智的法律。没有工作的人比收入低的人更糟糕。另一方面，如果事实是最低工资并没有让穷人失去工作，那么这可能是一条好法律。

经济学家会问：实际效果是什么？不考虑党派政治或意识形态承诺，它有效吗？经济学家更倾向于这样提出问题，就像工程师一样。他们不是如外界人士常以为的从不关注世界事实的盲目意识形态者。他们是实用主义者。正如我所说，经济学可以被视为审慎科学。了解最低工资的实际效果是一种明智的做法。到目前为止，一切都好。没什么难的，只是常识和现实主义。给我事实就好，女士。

问题出现在——这也是经济学面临的最大难题之一——如何定义"事实"。如果你必须支付4.5美元给你的哥伦比亚女佣，而不是她可能愿意接受的3美元，那么她会更开心，这是一种"事实"。这一点很明确，也正因如此，善良的人会支持设定法定最低工资。在美国，如果你每小时只能赚3美元，是几乎不可能过上体面生活的。解决方案有哪些？多种多样。其中一种可能是：将支付低于生存工资的行为判定为违法。

问题是，还有另一种同类型的"事实"，你稍作思考就能明白。也就是说，你必须支付的工资越高，最初雇用这名女佣的可能性就越小。的确，你可能依然愿意以4.5美元而非3美元的价格雇佣她。但对于一些人来说，4.5美元可能不值得。并不是他们"负担不起"4.5美元，而是他们觉得这个价格不划算。他们可能会选择自己来打扫房子。或者，如果这些人的生活水平高一点，他们可能只会雇用一名而非两名女佣。说到底，在某种程度上，女佣和你想要花钱购买的任何其他东西没什么两样。如果衣服的价格从50美元涨到500美元，你就会买更少的衣服。同样，"买更少的女佣"其实就是失业的另一种说法。从女佣的角度看，愿意以4.5美元而不是3美元的时薪雇用她们的人会更少。

这两个事实在相反的方向互相牵制。一方面，人们会因为可怜那些拿低工资的人而心生同情；另一方面，人们也会为那些因高工资而失业的人感到惋惜。在法律规定的高工资标准下，有些女佣因为实际上获得了更高的工资而更富有，但也有一些人因为根本无人雇用而更贫困。持哪种观点都没错，也都没有恶意。支持最低工资的经济学家强调给人们更高的工资是件好事。反对最低工资的经济学家则认为给人们提供工作是件好事。这是工资与就业的权衡。由于该问题通常在经济学中争论不休（目前是该领域的一个热门议题），问题不在于劳动力与资本的冲突，而在于给劳动力的一种好处与给劳动力的另一种好处的冲突。有趣的是，欧洲（特别是法国）的经济学家更倾向于支持最低工资，而北美（尤其是加拿大）的经济学家更倾向于反对。（同样有趣的是——这可能反映了我的政治偏见——欧洲的失业率高于北美。）

每一个具有工程师精神的经济学家都想知道的是，这些政策的影响有多大？也就是说，虽然她承认法定最低工资可能导致失业，但还想知道具体会有多少人失业。遗憾的是，我们不能仅通过观察从内心自省得到的"事实"来解决问题，但这种遗憾还不算是悲剧。还没有到那一步。我们可以观察外部数据，如失业率和最低工资本身。如果我们这些注重实证数据的经济学家发现，相对于工资的大幅提升，失业的增幅较小，那么总体来说，劳工的处境会有所改善。问题最终在于数量上的平衡。

但经济学家无法在实验室就找出这个数量上的平衡。在这方面，他们更像是天文学家而非化学家。他们必须依赖历史实验。

这仍然不算悲剧。经济学主要是一种观察科学，与天文学、进化生物学或历史学类似。这并不是什么丑闻。实际上，这反而成了现代经济学中一个伟大项目的契机。

克莱因和许多其他人，包括我们的第三位英雄，来自鹿特丹的扬·廷贝亨，给这门科学带来了"回归分析"（regression analysis）。外行人觉得这个词组奇怪又神秘。它确实有点奇怪，但并不神秘，甚至也不难操作。回归分析并不是什么高深的学问。现在已有的计算机程序在你即使都不明白自己在做什么的情况下都可以帮你完成它，并为你得出的统计数值赋予非常花哨的名字。很多人确实不明白回归分析是怎么一回事儿。这已然变得跟开车一样：你不需要知道什么是火花塞。很多人确实不知道。

回归分析大约在一个世纪前被发明，它基于数理统计学，后者大约在两个世纪前被发明。[1]"回归"这个奇怪的词来自它最早的应用，即高智商父母的孩子的智力"回归"（也就是说，趋向于回到人口的平均水平）假说。现代意义上的"回归"只是看统计事实——在本例中，就是最低工资和失业的统计事实。你在一个简单的笛卡尔坐标轴上画出自战争以来美国各种最低工资与那些年份的失业水平的数据图，就可以进行"回归分析"。你可以把图上的点拟合成一条直线。这就叫做"回归"（现在这个词与它的起源无关；它仅仅意味着"对散落观测点的拟合"）。直线的陡峭程度会告诉你最低工资对失业的影响有多大。当最低工资改变时，失

---

[1] 本书英文首版出版时间为1996年。——编者

业发生了什么？影响是大是小？在最低工资不同的地方——比如说加拿大和法国——失业率有什么不同？这种差异是大还是小？

当然，情况并非这么简单，否则劳伦斯·克莱因不会因此获得诺贝尔奖。天文学家、进化生物学家和历史学家都会告诉你，仅仅把事实整齐地呈现在图表上并不足以解决所有科学问题。至今我们仍然不能完全理解恐龙为什么灭绝，或第一次世界大战为什么爆发。我们现在知道的比以前多得多，但科学并没有简单明了的答案，否则科学家的工作就太简单了。问题在于，原因很复杂，证据不完整，并且历史实验一点儿也不简单。然而，我们是见多识广的人，不会被科学的困难搞得焦躁。从世界上的事实中推出真理从来不是易事。克莱因证明了，即使是困难的推理问题，也可能被部分解决。

这不是悲剧，而是胜利。我还清晰地记得1965年我第一次打开克莱因关于这一主题的开创性书籍《计量经济学教程》（Klein, 1953）时激动的心情。从翻开第一页开始，我就感觉自己仿佛在与一位大师同行。这甚至体现在写作风格上。克莱因的写作没有任何拖泥带水。他不断转变思维角度，不浪费任何时间。这位大师比我更精通数理统计。他非常有说服力地告诉我，如果我也能精通该领域，那我就能通过回归分析解答经济学和经济史上的重大问题。例如，利率对未来投资有什么影响？很简单：只需绘制一个投资与利率的历史数据图，然后进行回归分析。现代经济增长的原因是什么？没那么简单，但如果你把一个变量与另一个变量进行"回归"（也就是拟合），你就能得出答案。你将成为知识的主人。这是现代科学的一大胜利。

然而，悲剧萌发于故事的细节，就像有些历史悲剧所发生的那样。或者至少一开始它看起来像一个微小的细节，就像俄狄浦斯王在荒郊野外与一名年长男子搏斗[1]，或者李尔王对他三个女儿所作遗嘱的具体细节[2]一样。这个细节是与回归分析相伴随的那个词："统计显著性"。

当完成一项回归分析，你就知道历史实验能告诉你一个变量是如何影响另一个变量的。例如，假如你发现每当最低工资提高50美分，失业率就会上升1个百分点。这不是说失业率相较于之前增加了1%，而是说整个劳动力中失业人数增加了1个百分点，这可能意味着数百万的人将失业。你通过查阅历史数据，并适当地应用克莱因模型来拟合这些数据，同时也考虑了可能出错的多种因素，才得出了这一结论。假设你通过法律把最低工资从4.0美元提高到4.5美元，你找出的"斜率"或"回归系数"显示，失业率将从活跃劳动力的6%上升到7%。

---

[1] 这句话出自古希腊剧作家索福克勒斯的戏剧作品《俄狄浦斯王》中的情节。在一条荒凉的道路上，年轻的俄狄浦斯与一名年长的男子发生了冲突，最终杀死了他。这个年长的男子正是俄狄浦斯的亲生父亲，而年轻的俄狄浦斯当时对此毫不知情，印证了他"弑父娶母"的悲惨命运。——译者
[2] 这句话出自英国剧作家莎士比亚的戏剧作品《李尔王》中的情节，李尔王要求他的三个女儿公开表达对他的爱，以决定如何将国土分给她们。只有小女儿科德莉亚拒绝阿谀奉承。李尔王为此生气，没有给科德莉亚任何国土份额，并将她逐出王国。这个"细节"触发了一系列悲剧事件：第一，李尔王逐渐认识到他的两个大女儿其实是自私残忍的。第二，歌娜瑞尔和里根开始争夺权力，最终导致她们自相残杀。第三，李尔王精神崩溃，流离失所，最终在科德莉亚被杀后死去。这个"细节"不仅影响了家庭关系，还引发了王国动乱和多人死亡，是导致整部戏剧走向悲剧的核心起因。——译者

科学研究就此完成了吗？没有，没有，没有。你还要确定这1个百分点的变化是否重要。我们是否真的需要关注最低工资对就业的影响？我们应该支持民主党还是共和党？这在所有科学领域都是一样的。如果你要做一个实验，探究某种催化剂对化学反应的影响，最后肯定还要考虑一个问题：这有什么关系呢？从科学的角度来说，这是一个大的影响吗？用观测数据尝试计算一个星系的引力如何影响另一个星系的天文学家，最终也必须做出人类的判断，即她计算出的影响到底有多大。

在这一点上，克莱因犯了一个悲剧性的错误。像20世纪40年代其他的科学英雄一样，他比他的追随者，例如我，或是他的追随者的追随者，例如我的学生，更明白如何犯错和避免错误。在他们作品的某些部分，这三位英雄的话都可以被解读为："不要犯这个悲剧性的错误！"然而悲剧在于，追随者们没有听到他们导师的这部分教诲。

悲剧性的错误在于回头依赖统计学本身来回答"每提高50美分的最低工资就会导致1%的失业率上升"的结果究竟是大是小，"显著"还是"不显著"。这使得统计工具变成了一台能完成全部科学任务的机器，从头到尾，自始至终。但你会立刻发现，这样的转向有问题。我们之所以关心失业或贫困问题，是因为我们是人，而不是因为某个数字绝对地高或低。事实上，"绝对"地高或低根本没有意义。大声喊出"5.9"或"6785"并不能解答这些数值是否足以改变你对某个科学问题的看法。统计学本身不能决定一个数值对人类科学目的而言究竟是大还是小。只有能改变观点的人才能决定这一点。

到了某个阶段，你必须摆脱统计工具，关注常识问题："好吧，大家，这有什么关系？"一个星系对另一个星系的引力影响值得考虑吗？陨石的影响足够大，足以解释恐龙的灭绝吗？数字是必要的，但它们本身不足以得出科学结论。只有科学家能做到这一点，因为"结论"是人类的观念，而不是自然界的。这是人类思维的特质，而非统计学的。

根据我向在沙盒里玩耍的侄子解释现代经济学第一个缺陷的经验，此时你可能还没有真正明白我要表达的关键。你可能听过这些词，但还没有意识到我为何认为它们如此重要。在荷兰语中，有两个词分别表示这两种层次的理解："verstaan"是指"仅仅理解字面意义"；而"begrijpen"是指"真正领会到要点"。英语和德语通常会把这两种理解混在一起。有趣的是，如果你自己不从事统计工作，你可能会更快明白这一点。你会说，"如果她的意思是单纯的数字本身不能形成科学结论，而我们总需要从一个更高的、不局限于生成这些数据的工具的视角来评估这些数字，那当然了——我明白（Ik begrijp）！"但如果你从事统计工作，相信我，你会更难从内心理解这一点，因为一开始你为了让这些工具能够正常运转已经付出了很多努力。（当你终于明白时，你的心跳可能会暂停一下！）

一个虽然滑稽但很贴切的例子是温度。假如有人告诉你，她那非常精准的仪器显示今天外面的温度是32摄氏度。那么，外面是热还是冷？习惯于华氏温标的人可能会经过一番计算后得出结论——"哦，90华氏度。是的，很热。"他以为计算已经解决了一切。但32摄氏度或90华氏度是热的，这是人的判断。住在金星表面的生物可能会觉得那是冷的。一则《纽约客》的漫画展示了两个水龙头，一个标着"冷（一个相对的概念）"，另一个标着"热（一个相对的概念）"。如果过度专注于数据和计算，而忽视了做出人类判断的这一基本任务，那我们就会忘记我们到底在做什么。这就是现代经济学出问题的地方。这是第一个，也是典型的统计显著性的悲剧，是克莱因的恶习的悲剧。

克莱因和现代科学界都在寻找一种机械化、无争议的方法来判断某个影响是大还是小。脱离人的主观判断，拜托——我们是科学家。一些科学家讨厌争议。他们成为科学家就是为了寻求确定性，以及"像机器一样完成工作"。克莱因便是其中之一。在大萧条和第二次世界大战的混乱背景下长大的这代人有这样的情感，你可以对此表示理解，甚至可以对他们表示同情。在1945年，全球大约只有十个民主国家。欧洲和亚洲处于一片废墟。资本主义已经失败。看在上帝的份上，让我们找个坚实的立足点吧！在这个充满争议的世界里寻找确定性，正是使克莱因成为一名出色科学家的动力。

不幸的是，对于经济学和其他一些科学领域如医学而言，他们手边正好有一台看似能以无争议的方式判断一个数值是大还是小的"机器"，就在统计学内部，不涉及人的主观判断。对经济学来说糟糕的是，这台"机器"已经被称为"统计显著性"，而这个名词已经存在了七十年。这是极其遗憾的。克莱因开始使用这台机器，声称他得到了"显著"的结果。无须再去评估一个数值到底是大还是小。克莱因相信，用于估计最低工资影响的同一组统计数据，也可以用来判断这一影响到底有多重要——比如，失业率从劳动力的6%上升到7%是否真的值得关注。

在克莱因1943年刚从麻省理工学院（在那里他受到了保罗·萨缪尔森在这方面的影响）获得经济学博士学位时发表的首篇科学论文中，他明确说道："在回归中，Y的作用在统计上并不显著。回归系数与其标准误的比率仅为1.812。这个低比率意味着我们不能拒绝回归系数真实值为零的假设"（Klein, 1985: 35）。其他人模仿他，但少了很多鉴别力。这种做法越来越普遍，尤其是在20世纪70年代计算机技术成熟后。没过多久，经济学界的所有人都将统计显著性与科学重要性等同起来，以为可以跳过科学研究的最后一步，即对结果大小的人为评估。

我可以非常简单和明确地向我的经济学同人阐述这一点。听着，诸位，假设你有巨大的样本量，以至于你们估计的抽样变异性接近于零。所有的系数都会统计显著（或不显著，这取决于你如何设定零假设）。现在问问自己：哪些变量在经济上是重要的？继续，告诉我你是如何知道的。真的，请回答。放弃了吗？答案是，你仍然不知道。科学重要性的问题——通常来说唯一值得提出的科学问题——并没有通过对抽样问题的成功解决得到回答。科学重要性和抽样问题是两个不同的问题，不是吗？

你明白了吗？还没有吗？迪尔德丽阿姨恳请你继续听。拜托，拜托，听听吧。

第二章 无关紧要的统计显著性

对统计显著性的全盘接受是科学界的悲剧。我不是在说使用统计学是错的。恰恰相反,"计量经济学",即将统计理论应用于从经济数据中获取有趣数字的问题,曾经而且依然是一个非常好的想法。在实际获取数字方面,它表现得相当好。破坏它的是对统计显著性的使用。用专业术语来说,问题不出现在"估计"环节,而是在"检验"环节。如果"检验"被视为回答"这个效应有多大",或者同样的问题,"这与科学有关系吗",那么它完全没有意义。

你可能误以为我是在批评量化,因为伟大的"统计学"和无用的"统计显著性"都包含"统计"这个词。明确一点:我不是一个反量化派,抱怨使用统计学所暗含的去人性化。我本人也是一名喜欢使用量化的研究者。我真的很喜欢这个方法,你可以通过查看我在经济史领域的工作来证实这一点。悲剧来自使用统计显著性这个技术细节。

有多悲剧?非常悲剧。自从克莱因开始大声且明确地表达了他的观点以来,经济学家提出的几乎所有基于公共事实的观点都变得无关紧要。例如,最低工资对失业率的大量回归分析与"最低工资是不是一个好主意"这个科学和政策问题毫不相关。事实上,对于几乎所有值得探究的问题而言,拟合线斜率(系数)的统计显著性几乎无关紧要。这就好像化学家在1950年采纳了一种最终被证明为具有误导性的实验方法。每增加50美分的最低工资导致1个百分点的失业率变化的"统计显著性",与研究人员进行回归分析当天的星座运势一样,对于判断这个数字是否值得关注几乎没有任何相关性。在判断他们的数字是大还是小这个问题上，经济学家们不妨咨询通灵板（ouija board），或者从曼哈顿电话簿中随机挑选数字，奇数算"大"，偶数算"小"。只在极少数情况下，一个估计的统计显著性可能具有少许科学价值。然而，在经济学的大多数应用中，它完全不重要。所有的现代计量经济学都需要重新来做。

这种情况就像那个老掉牙的笑话，关于一个醉汉在黑夜里被他的朋友发现正在路灯下爬行。"你在干什么？""我在找我的钥匙，我把它们弄丢了。""哦，我来帮你。你是在这里掉的吗？""不，是在那边的黑暗中掉的……但这里的光线更好。"自从开始沉溺于克莱因式恶习以来，统计经济学家就像是那个醉汉，在路灯下寻找经济真理，而不是在真正可以找到它的黑暗中去寻找。诚然，在黑暗中寻找更加困难。但这并不是一个留在路灯下的理由。科学是困难的，伪科学是容易的，但这不能成为选择伪科学的理由。

补充一个技术注解以供我的经济学同人参考：我并不是说只有拟合系数的平均值才重要。也就是，我并不是说只有一阶矩重要。二阶矩和更高阶矩也可能具有科学意义。但如果它们确实重要，我们更想要知道的是总体的二阶矩 σ^2（或者其平方根 σ，可以较好地通过样本方差的平方根 s^2 来估算）。然而，总体的二阶矩并不等于你用来检验统计显著性的这个数值，即估计量的二阶矩，在此我们把估计量本身视作一个随机变量。根据检验抽样误差的基本公式，估计量的二阶矩等于 σ 除以样本规模 N 的平方根。二者不是同一个数；除以 N 的平方根确实会改变数值。我想说的是，对于多数科学问题，估计量的标准误并不能解答"到底有多重要"的问题。

举个例子：假设你对荷兰女性的身高感兴趣。当样本大小为 $N=30$ 时，发现围绕平均身高有一定的抽样变差。作为一名科学家或服装制造商，你也许对抽出这一样本的总体的变差感兴趣。对于许多科学或现实问题，你可能想了解总体中的变异性 σ，根据样本标准差 s 来估计。接着，你需要做出一个判断——这与样本大小或其平方根无关——这种变差是大还是小，以及它如何影响你的目的。作为一名服装制造商，你应该为高个子女性准备多少裙子？

但是，平均量的估计值周围的变差（$\sigma/\sqrt{N}$）并不等同于你实际关心的、用于商业或科学目的的变差 σ。估计量本身有一个分布，根据主公式，当 N 很大时，该分布的方差会收敛于零。这在极少数情况下是科学问题的核心。但除非你确实有与估计量的变差相关的损失函数，否则你对 $\sigma/\sqrt{N}$ 不会有什么兴趣。即使你有这样一个损失函数，你仍然没有描述实质重要性的损失函数。在大多数经济应用中，你会发现，将这种你可以控制的变差——从一个具有经典属性的分布中得到良好随机样本的变差——等视为由模型误设、联立问题、样本截断、变量误差、纯粹的测量误差等其他总体变差来源，简直就像是在开玩笑。与总体变差相比，估计量的变差并不是大多数问题的答案。对大多数问题来说，它是不重要的。光线在路灯下更亮，不是我们假装将实质有多么重要

（均值的一阶、二阶、三阶或更高阶矩）与"样本过小导致一定估计模糊性"有多么不幸视为同一回事的理由。

给我的同人另一个技术性注解。大多数经济学家的这种看法是不对的，即认为无论如何统计显著性是所有实证估计都要达到的一个初筛必要条件。经济学家会说："好吧，我至少想知道系数是否存在，不是吗？"是的，但统计显著性不能告诉你这一点。只有系数的大小，在实际或工程意义上被认为是非零的尺度上，才能告诉你这个系数是否真的重要或有影响。统计上不显著的系数并不意味着实际上是零。关于阿司匹林和心脏病的实验在达到统计显著性（医学研究者希望达到的水平）之前就被终止了，因为在挽救生命的意义上其效果如此之大，以至于继续进行双盲实验（其中一些人每天没有摄入相应剂量的阿司匹林）是不道德的。

两个修辞问题在误导经济学家。"显著性"这个词本身就很难抗拒。正如理论统计学家威廉·克鲁斯卡尔（William Kruskal）在谈及那个普及了早期术语"统计显著性"并创造了其他几个令人眩晕的术语的人时所说的：

> 假如R. A. 费希尔（R. A. Fisher）爵士——一位公关大师——没有从日常英语中借用如"充分"（sufficient）、"有效率"（efficient）和"一致"（consistent）这样的触动性词汇……毕竟他完全可能用一些更沉闷的术语来描述这些估计量的性质……这样想是否太过愤世嫉俗：是这些引人入胜的术语——既神秘又充满希望——以及整洁的表格，而非背后

的理论，帮助取得了人们的接受？（Kruskal, 1978: 98）

另一个修辞是数学系集中关注的"存在与否"。经济学家从那些深受数学系价值观，而非工程系或物理系影响的人那里学习数学。他们学到的是永恒的存在，而不是实用的重要性，因此他们容易错误地认为统计显著性解决了关于存在的问题。

我明白你很难相信我是对的。你可能会想，这位迪尔德丽阿姨是谁，竟敢与她职业领域里几乎所有使用统计学的人作对？委婉地说，她不是一个专业的计量经济学家。她仅仅是一个经济史学家和经济学哲学家。她从哪里获得的发言权？

她反驳疑问的一种方式是诉诸权威，即理论统计学家的权威。统计学家经常被要求在抽样误差这种非常重要的问题上提供建议，这是科学问题的核心，而在这种情况下（在经济学中很少见），统计显著性是有一席之地的。然而，理论统计学家一直都清楚，他们的客户倾向于将"统计显著性"解释为"对手头的科学问题来说很重要"。几十年来，他们不断地在警告这种误解。不管你信不信，在我找到的资料中，最早的明确警告出现在1919年，出自一位名叫埃德温·博林（Edwin Boring）的统计心理学家的论文。这有点尴尬：这一点太明显了，以至于有点无聊[1]。你必须说出多大才算大。这究竟有什么令人激动的？你也许会说，这一点也不令人

---

[1] 无聊（boring）与博林（Boring）的英文相同，此处应是一语双关，下文中"无聊的观点"也可理解为"博林的观点"。——编者

激动。但遗憾的是，计量经济学一直在忽视这个"无聊的观点"，导致了悲剧性的后果。

1933年，耶日·奈曼（Jerzy Neyman）和 E. S. 皮尔逊（E. S. Pearson）为现代统计学奠定了严谨的基础。在全面、正式地解释如何正确使用统计显著性后，他们警告不要过度使用它。假设你将统计学应用于刑事案件的证据问题中（奈曼和皮尔逊遥遥领先于他们的时代，如今这种做法在法庭上已经很普遍，也陷入了使用统计显著性的同样的悲剧性错误中；审判律师们，请听好，因为你们可以从我现在提出的论点中获得法律财富）。统计数据告诉你，被告有95%的可能性是有罪的。好的，那么审判结束了吗？没有。统计概率是有用的信息，与结果有关。但结果取决于"多大才算大"。

> 宣判一个无罪的人有罪，或者是宣判一个有罪的人无罪，哪个更严重？这将取决于误差的后果：惩罚是罚款还是死刑？释放的罪犯对社区可能产生的威胁是什么？对惩罚的当前道德观念是什么？从数学理论的角度来看，我们所能做的只是展示如何控制和最小化*这些误差的风险*（明确地说，这是抽样误差，不是所有可能的误差）。在任何特定的案例中，关于*如何使用这些统计工具、如何权衡，是必须交给研究人员的*。（Neyman and Pearson, 1933: 296，着重号由本书作者添加［若无特别说明，引文中着重号均为本书作者所加］。）

"交给研究人员。"也就是说,你们这些科学家需要告诉我们,你们认为什么是大什么是小。如果你们的问题是抽样误差(我再次强调:在大多数经济学应用中并非如此),我们可以给你们一点点帮助。

在20世纪30年代晚期,一位名叫亚伯拉罕·瓦尔德(Abraham Wald)的数学家和经济学家进一步研究了统计检验的基础,并得出了相同的结论。你必须一开始就确定这个或那个数字对你来说有多重要。他将这种重要性称为"权重"(weight)函数(用现在的术语来说,就是"损失函数")。统计学家能告诉经济学家一个数字在科学上是否重要吗?不能。"权重函数应该如何确定,这不是一个数学或统计学问题。"科学家,而不是统计学家,应该回答这个问题。"这完全取决于其研究的具体目的。"瓦尔德继续说道(Wald, 1939: 302)。

奈曼、皮尔逊和瓦尔德并非无懈可击,但他们也不是无足轻重的统计学家。在这里,他们说的是最基本的常识。作为一个科学家,你当然必须决定什么是大的。你当然不能期望一张整齐的学生t检验表格(就在你的统计书的背面)能够脱离你的具体研究目的告诉你最低工资对失业的影响是大还是小。

一直有优秀的统计学家持续发出这样的警告,但基本没产生什么效果。在一本关于基础统计的经典教科书中,W. 艾伦·沃利斯(W. Allen Wallis)和哈里·V. 罗伯茨(Harry V. Roberts)早已明确表示:

不应该把"显著"的统计学用法与日常用法混淆。在日常用语中,"显著"意为"实际重要性",或简单地说为"重要"。在统计用语中,"显著"意味着"标示出样本[再次强调：它解决的是抽样问题]所来自的总体的某一特性",无论这个特性是否重要。(Wallis and Roberts[1956] 1965: 385)

近年来最受欢迎的基础统计学书籍由大卫·弗里德曼(David Freedman)、罗伯特·皮萨尼(Robert Pisani)和罗杰·珀尔维斯(Roger Purves)合著。在书中有多处提出警告的地方,他们写道：

> 这一章……解释了显著性检验的局限性。第一个[也是迪尔德丽阿姨唯一强调的一个]是,"显著性"是一个专业术语。检验只能处理这样一个问题：差异是真实的还是仅仅是一个偶然波动[就抽样误差而言,正如他们在书中多次强调的]。它并不是为了判断这种差异是否重要而设计的。(Freedman, Pisani, and Purves, 1978: 487)

在旧版的《国际统计百科全书》(Kruskal, 1968)中,关于"统计显著性",美国统计协会(American Statistical Association)的前会长威廉·克鲁斯卡尔在他的文章里提出了同样的观点,并在后来的信件中表示惊讶,经济学家们竟然忽视了这一点："对于那些能够轻松处理五阶段最大似然估计和具有巴拿赫空间值的效用函数的计量经济学家来说,统计与实质意义之间的区别肯定是基础的"（Kruskal, 1982）。包括肯尼斯·阿罗（Kenneth Arrow，另一位诺贝尔奖得主，尽管不是因为统计理论获奖）、爱德华·里默（Edward Leamer）、亚瑟·戈尔德伯格（Arthur Goldberger）在内的一些计量经济学家也得出了相同的结论。但没有人听。那些醉汉继续在路灯下寻找他们的钥匙。

经济学家并不是这场现代科学悲剧中唯一的参与者。多年前，在学术心理学和社会学中也曾发生了一场"显著性检验争议"。丹顿·莫里森（Denton Morrison）和拉蒙·亨克尔（Ramon Henkel）宣称："显著性检验……除了用于评估旨在描述特定人群的基于概率样本的统计指标的抽样误差，没有其他合法用途"（Morrison and Henkel, 1970: 186）。没有人对他们的断言提出异议，因为这是无可争议的。从数学角度来说，这就是"统计显著性"的意义。但心理学家和社会学家在实践中什么都没有改变。他们仍然使用统计显著性来声称某个结果在实质上是重要的。他们仍然通过假装实质问题是一个抽样问题来在路灯下找答案。

你可能熟悉的一个远离经济学的克莱因式恶习的例子出现在民意调查中，比如关于总统选举或某项政策的民意调查。公共舆论调查者最终总是会向大约1200个人询问他们在下次选举中将如何投票。这很有趣。为什么总是大约1200个人呢？他们选择1200个人的原因是，在许多社会统计数据中，该"样本"规模能确保结果的抽样波动非常小，只有1%到2%。然后，这被称为"统计上显著的"，这是你会在电视报告中听到的。但关于结果是否重要，什么也不知道。无论选举是距今六个月并且极具争议，还是明天就要进行而且很平常,民调仍然被宣布为"统计上显著的"。你比民意测验者更清楚这里出了什么问题。说一个抽样问题得到了解决,并不意味着结果在政治或预测方面是"重要的"。就是这样。

也许这个例子听起来无关痛痒。毕竟,这只是民意调查。但这里有一个更要紧的例子,它来自医学研究。问题是:女性应该在多大年龄开始每年进行一次探测乳腺癌的乳腺X射线摄影检查?目前,有一场关于"四十岁"和"五十岁"的激烈争论。支持"五十岁"的研究人员希望靠统计显著性来解决这个问题。在一个由美国护士组成的大样本中,他们没有发现(按照常规的显著性水平)四十岁开始进行年度乳腺癌检查与五十岁开始进行检查的女性在减少癌症死亡率方面有统计显著的差异。而支持"四十岁"的一方回应说,"等等,我们想知道的是救命的重要性,而不是在我们碰巧有的样本大小下,救命比例的差异是否符合某个所谓(即统计上)'显著性'的常规水平。"一个不理解"这些统计工具的使用必须由研究者决定"(如奈曼和皮尔逊所言)或者多大才算大"将完全取决于他的调查的特殊目的"(如瓦尔德所言)的医学研究人员,是在害死病人。我知道这听起来太令人震惊了,但不幸的是,这是事实。

在经济学中,这种恶习也很普遍。其后果不如害死癌症病人那么明显,但影响很大。经济学家通过犯下第一个恶习来进行社会工程(第三个恶习)。他们基于统计显著性而非实质重要性来建言献策。例如,曾经有人基于统计显著性来建议提高最低工资

（Card and Kreuger, 1994）。称这个问题为"猖獗"（rampant）可能有点过分。当我向经济学家解释这个克莱因式恶习时，其中一些人说："哦，当然，我明白。当然，我从不犯这种错误。"但事实并非如此。他们确实犯了，而且在我的经验中，通常他们并没有理解其中的问题。最近斯蒂芬·齐利亚克（Stephen Ziliak）和我估计，在经济学界最好的实证论文中，有70%完全依赖于误用的统计显著性来提出关于福利和最低工资、保护和自由贸易的政策建议（McCloskey and Ziliak, 1996）。有趣的是，迪尔德丽阿姨收到很多男性关于这篇文章的信件，他们说"哦，是的，我明白并且同意你的观点"，并总是附带一篇他们自己的论文，对统计显著性提出一些批评（除了我正在关注的核心问题，它还有很多很多问题）。无一例外，这些论文都显示出他们根本没有理解这一点。

一个技术性的例子是一篇于1987年9月发表在《美国经济评论》上的论文，完全典型地反映了经济学家在他们的实证工作中所做的事情。我不打算透露作者的名字，因为他们的做法在该领域是常规操作。将他们的名字公之于众以供嘲笑是残忍的。这就好像嘲笑某人遵循一种被普遍接受的社会习惯。根据经济学和许多其他领域的现行科学实践，将统计显著性等同于科学或政策重要性是可行的。在20世纪80年代发表在《美国经济评论》上的182篇完整的实证论文中，大多数都是这样做的。齐利亚克和我详细检查了它们对统计显著性的使用。96%的论文都误用了统计显著性，我前面提到的70%是那些完全依赖于它的论文。

我引用这个例子只是为了具体说明问题。尽管这篇论文的做法明显没有道理，但它在经济学顶尖期刊中平均而言算是做得好的。该论文（发表于1987年9月的《美国经济评论》）的作者想要探究给失业人员或其雇主提供现金补贴能否更快地帮助失业人员重返工作岗位。其设想是，额外支付失业人员一些现金，激励他们迅速找到工作。或者给工厂的雇主一些补贴，激励他们为失业人员提供工作。那么，失业人员能否更快地摆脱失业状态呢？这是重要的科学问题，因为它能够辨明失业是人们不幸养成的一种习惯还是罹患的疾病，二者都无法通过金钱来解决。相对地，如果失业是一种经济"决策"，那么现金补贴很可能会起作用。因此，你可以理解这个问题对经济政策也有重要意义。如果证实某种补贴能有效帮助人们摆脱失业，那为他们提供这种补贴就是值当的——对社会其他成员来说，给予这种特定类型的援助可能是有价值的。补贴产生的影响规模在社会层面是重要的。我们甚至有可能大幅改善或者解决失业问题。

伊利诺伊州已经进行了这种补贴实验，因此这篇论文实际上是一份社会实验报告。这比经济学家通常面对的情境要好得多。他们通常不得不利用所谓的历史"实验"。例如，如果1919年的流感肆虐杀死了10%的印度农民，那么后来的经济学家会感到"欣慰"，因为历史提供了一项相对"干净"（clean）的实验，可以告诉他农民对经济的价值。这令人痛苦，但从科学家的角度来看是可以理解的（这位科学家是诺贝尔奖得主西奥多·舒尔茨［Theodore Schultz］，对此他在其1964年的书《改造传统农业》中也有所提及）。他在历史中寻找可以用于研究的线索，就像天文学家观察木星上的灾难以了解其表面特性一样。当然，这种"实验"通常并不是那么清晰明了。但在伊利诺伊州关于如何帮助人们摆脱失业的实验中，前后的情况就如同在实验室里进行的一样，相当明确。

"雇主实验"将补贴提供给雇用失业工人的工厂。作者非常明智地站在纳税人的角度来问：相对于补贴的成本，伊利诺伊州通过减少对失业人员的支持能获得多少比率的收益？如果这个比率高于1.00，那就意味着，州政府给出1美元的"雇主实验"补贴就能节省超过1美元的花费。按照一般科学和政策对"显著性"的理解，如果收益与成本的比率远高于1.00，比如达到2.00、4.29或者更好的7.07，那将是对现有做法的"显著"改进。在4.29时你会大喊"太好了！"在7.07时你会大喊"太棒了！"然而，作者总结他们的统计结果如下：

> 第五板块……显示"雇主实验"的整体收益成本比率是4.29，但它在统计学上与零没有差异。然而，在"雇主实验"中，仅针对白人女性的收益成本比率是7.07，并且在统计学上与零有显著差异……"雇主实验"仅影响了白人女性。
>
> (《美国经济评论》1987年7月：第527页)

作者将一个不重要的关于样本大小的问题与一个重要的政策问题混淆了，即"样本是否大到使数字在统计上显著？"与"如果伊利诺伊州将'雇主实验'采纳为政策，那么它是否应该期待对所有失业人员（而不仅仅是白人女性）都有重要的好结果?"对于是否会有好结果，作者的最佳猜测是，当然，绝对会。收益与成本的比率高达4.29。太好了！让我们实施它，为伊利诺伊的纳税人节省数百万乃至数千万美元！但作者却让自己被"路灯下的光"搞糊涂了。作者认为，4.29的收益成本比率算不上有用或重要，因为你们看，样本大小不足以在某个常规水平上判断这个数字"统计显著"。与此同时，白人女性7.07的比率据说会"影响"某些事情，而4.29的比率则不会。但作者的最佳猜测，重申一下，是它确实会影响某些事情，并且影响重大。世界上当然会有噪声，如果监听时间短、样本小，信号就会被模糊。这就是生活。能够有一段较长的时间来监听被噪声干扰的信号当然更好。但有时你没有这个机会。如果我们正在做关于如何花费伊利诺伊公民辛苦挣来的税款来帮助其他公民的决策，我们最好听完所有的信号，即使它们带有一些噪声。

　　正如我所说，这样的错误遍布经济学期刊的各个页面。实际上，情况远比这个事实糟糕，因为这意味着科学的发现是错误的。在某种显著性水平下，我们《美国经济评论》的作者不会推荐"雇主实验"。这个决定在政策和科学方面都是错误的。就是错的。更普遍地说，经济学家经常会忽略那些"统计不显著"的变量。当他们这样做时，他们所有后续的统计工作都是错误的。用计量经济学的专业术语来说，这在数学上不可避免地导致结果变成"有偏的和不一致的"。

　　为了证明我不是要嘲笑这些作者，而只是想批评现有的通用做法，请看下面这几个词组。它们来自一篇1984年3月发表的文章，题为"谷物利息：中世纪英格兰谷物储存的规模和成本"："拟合的方程式（标准误在括号中）"，"程度虽然较弱（但确实有关联）"，以及"系数的标准误……是系数值的一半"（第178和180页）。标着重号的部分是克莱因式恶习的明显例子，也就是错误地用统计显著性来决定一个变量是否重要。这篇文章也发表在了《美国经济评论》上，但并不是作为一篇正式的文章，因此齐利亚克和我没有分析这篇文章。这篇文章有两个作者，其中之一就是我。

作为研究人类行为的学者，我并不惊讶这种做法在20世纪80年代非常普遍，并在90年代依然热情不减，尽管有所减弱。我认为这与计算成本有关。在20世纪70年代，进行回归运算的成本骤降，因此生成"具有统计显著性"系数的成本也变得更低了。这是计算机的应用所带来的结果。在我读研究生期间，一台计算机中心的运行需要投入一个中等大小的建筑和大量的时间，才能进行一个包含三四个变量的回归分析。你需要提交一份用IBM卡片形成的"工作"，然后等待一整夜，第二天早晨回来发现"格式错误声明"，需要再试一次。在这样的环境下，没有人会大量地用统计显著性代替科学思考，不论劳伦斯·克莱因多么有说服力。但是，经济学家和普通人一样，也会遵循需求法则。当某样东西的价格下降时，他们会购买更多。在20世纪70年代，随着计算机变得更便宜和强大（按照计算机行业的长期观察，计算的成本大约每18个月减半一次），获得回归系数（例如失业率和最低工资之间的关系）的成本大幅度下降。经济学家们开始大量购买更便宜的回归系数估算值，每次都会购买数百个。不幸的是，便捷的计算机程序允许他们给出每个变量的"显著性"。他们心想，这是一个多么奇妙的科学工具啊，只要把这些数据丢进去，就能得出哪些变量在科学上比较重要的结果。

所以，我并不惊讶普通的经济学家在没有统计学专长的情况下会陷入"克莱因式恶习"。我惊讶的是，专业的计量经济学家，首先是劳伦斯·克莱因，并没有早点叫停这一做法。即使到现在，也只有少数计量经济学家（相对于理论统计学家）认识到这个恶习。大多数人恰恰相反，他们鼓励这种做法，并详尽地演示如何去做。在他的开创性计量经济学教科书的第二版中，杰克·约翰斯通（Jack Johnstone）用了26页来举例说明如何用1947—1957年间的英国车辆注册数据进行交通事故的回归分析。他通过假设在时期末（或许在更严厉的处罚引入之后）道路伤亡人数有小幅减少，来示范统计显著性的使用（他在整本书中都没有把统计显著性与实质重要性区分开来）。这种假想的减少是真实的还是随机的？重要与否？（二者是不同的问题，但正如我所言，约翰斯通从未这么说过）。他的结论是："计算出的值表明事故可能有所减少，在5%的水平上统计显著，但在1%的水平上不显著。"这意味着，如果你非常严谨（用1%的水平），你可能会得出结论说，严厉的处罚其实并没有效果。但请记住，他是在假设数千起交通事故的减少。由于他混淆了统计显著性和实质重要性，认为只有统计显著性才重要，因此他陷入了这个谬误。他抛弃了他设想的生命重要性，仅仅根据学生t值得出结论：如果你作为一个研究人员，坐在温暖的房间里，手里拿着一杯好茶，而非常不希望高估效果时，你可能会认为，考虑到样本量太小，数千起交通事故的减少"可能并不显著"。

你通过短波无线电上听到一个女人大声呼救，但信号相当弱，受到一些静电干扰，所以你不太确定，于是你什么也没做。她可能在说："有强盗闯入我家，快叫警察！"（My house is being invaded by robbers. Call the cops!）也有可能在说："工人正在给我家刷墙，还有屋顶！"（My house is being painted by jobbers. Walls and tops!）因为信号有干扰，你什么也没有做。对于那些不熟悉统计显著性这种"沙盒游戏"的外行来说，约翰斯通给人留下这样的印象简直令人难以置信：成千上万的伤亡除了给一名可能高估更严厉处罚的效果的研究人员带来尴尬，好像什么也不是。但这正是统计建模者可能会采取的行动方式。

这就好像牧师教导他们的教徒如何偷窃，然后当有人提出抗议时对此表示惊讶。几乎没有经济计量学教科书提到统计显著性和实质重要性的区别。当阿瑟·戈德伯格（Arthur Goldberger）在他最近的《计量经济学课程》（Goldberger, 1991: 240-241）中提到这一点时，另一位杰出的经济计量学家在评论四本主要教科书时注意到了这一点："当经济学和技术统计之间建立联系时［在戈德伯格的书中］，一些重要的见解出现了，比如讨论'统计显著性和经济显著性'的章节，这是其他书没有提到的话题"（Granger, 1994: 118）。没有提到。这些牧师一遍又一遍地用布道来解释如何偷窃，但没有提到这是重大的罪过。

你可以看出我对这种情况感到有些愤怒。虽然很难让别人相信自己的愤怒（正如聪明的老人亚当·斯密曾经指出的），但还是让我试试吧。看看事实吧。专业的计量经济学家本应读过奈曼和皮尔逊这类人的著作，并思考统计显著性究竟意味着什么。像X教授和Y教授这样有名的人，这是他们的工作。但是计量经济学的基础和高级文献并没有显示出对统计显著性及其与科学的关系有任何思考。计量经济学家没有做好他们的工作。这就好像大多数经济史学家从未听说过工业革命，或者至少从未告诉他们的学生这件事情一样。《计量经济学手册》的三卷本，由多人撰写，其中只有一处提及统计显著性与科学重要性的区别（由爱德华·里默提出）。在《统计学手册》第2卷的第762页中，仅有一句话提到，在足够大的样本量下，所有的系数都是"显著"的。更糟糕的是，这就好像圣托马斯·阿奎那（St. Aquinas）的《神学大全》中哪里也没有提到偷窃是一种罪行一样。

几年前，我与X教授讨论了这个情况，指出他在1976年写的一篇论文中强调用统计显著性来表示实质重要性是错误的。然而，他后来在自己的许多论文中又误用了统计显著性，并没有告诉他的学生这样做是不好的。当我温和地抗议他后来的言论与他早期的观点不符时，他回应说，大家都这样做。人们都在偷窃，所以我们也一起吧。但考虑到人们之所以做他们所做的事，正是因为他，也就是Z名牌大学的X教授，这样做并推荐它，这似乎不是一个很好的回应。我想，当教会成员做大家都在做的事时，人们不应该过于气愤（尽管我希望他们在这样做的时候不要因为自豪地使用统计理论而声称自己是神学专家）。但对于像X教授这样的教士，我认为应该按更高的标准来要求。

X教授似乎对自己在这个问题上的道德状态感到担忧，因为他时不时会对此写一些显得不太自在的文章。1986年，在我们简短交谈后不久，他写道："在每个案例中，估计系数的实际大小比它们精确的'统计显著性'更有趣"，这是值得赞赏的，除了暗示统计显著性有任何有趣的地方，无论精确与否。他解释说，"显著性检验在这里被用作一种度量，用于讨论模型不同版本的相对拟合性"，但他没有解释为什么它们是一个适当的度量，或者是最好的度量，或者是一个相关的度量。这一点并不奇怪，因为它们实际上并非如此。

然而，也有一些好消息。经济学家赞同行为主义，也就是说，你不能从与人交谈中学到任何东西。即使使用以下这种狭义的方法，我们也可以从中学到一些东西：只看他们做什么，不听他们说什么，经济学家实际上并不真的相信统计显著性。如果你只看经济学家的行为，而不是他们的话语，很明显，没有人相信别人的"统计显著"的结果。在经济学中，没有重要的命题通过计量经济学方法，特别是统计显著性，以一种令经济学家信服的方式被证实或被否定。没有人的观念被改变。例如，卡德（Card）和克鲁格（Kreuger）的论文并没有改变任何人关于最低工资如何影响就业的看法，至少没有改变任何老看法。他们的看法没有因为像统计显著性这样不相关的东西而改变，我们应该感到高兴。（现在我得承认，这个检验的功效并不强，因为经济学家和其他科学家一样，很少改变自己的观点。在大多数学科领域，一个学者在其职业生涯中改变观点的次数通常是零。大多数接受凯恩斯主义训练的人始终是凯恩斯主义者，接受货币主义训练的人始终是货币主义者。）

从其表面修辞来看，统计显著性的不显著令人惊讶。表面上，一个假说正在被检验，每个人都气喘吁吁，竭尽全力。但实际上，工作结束后，人们回到家就将其抛之脑后。经济学中的统计实践并不是科学探索的工具。如果是这样，经济学家绝不会像现在这样关注一个像统计显著性这样无聊的量值。但他们会对某个效应的大小产生适当的好奇，并大声质疑它的量值是大还是小。他们永远不会把他们主要的科学工作交给一个无关的机器。统计显著性就像神奇八号球之类的玩具，你摇一摇就可以从一个小窗口里得到"答案"："是""否""也许"或者"再问一次"。自20世纪40年代和50年代的克莱因和其他先驱者，特别是自计算机使其变得廉价以来，这种程序在经济学的实证工作中占主导地位，其与科学问题的相关性实际上就像摇晃玩具一样。奇怪的是，从行为上来看，经济学家似乎知道这一点。

那么，为什么还要这样做呢？为什么不直接去玩具店买个神奇八号球呢？答案似乎是，统计显著性，还有一些其他统计工具，以及我们正在谈论的"三大恶习"中的其他恶习，都是用于制造可发表的论文的工具。为什么可以发表？因为编辑和审稿人还有其他所有人，都认为统计显著性和实质重要性是同一回事。发表的论文接着为作者带来了工作机会。统计显著性促成了科学中的职业。这些职业并没有产生实际的科学发现，或推动经济学作为一门科学向前发展——这似乎并未让普通的经济学家感到担忧。最近宏观经济学中一个名为"单位根"（unit roots）的东西引发了争议，有大量使用统计显著性的论文证明或否定了它的存在。当然，没有任何实质性进展，正是因为统计显著性本身不能决定任何科学重要性。这让我想起了一项关于比常用水更重的水的研究小插曲，结果发现这是由于俄罗斯的实验瓶子清洗不当。但许多职业因此得以产生。关于这种捍卫一个站不住脚的伪科学程序的职业主义，迪尔德丽阿姨只能说：羞愧吧，男孩们；天哪，快从沙盒里爬出来吧！

经济学家对克莱因式恶习有一半的认识，但他们对全部的认识避而不谈。这一点，通过与他们的交谈，我已经明确地从行为主义之外发现了。几乎不可能向一个正在积极践行这种恶习的经济学家传达出某些地方是多么的不对劲。我尝试了十多年，发现人们会说："是的，是的，我当然明白了"，然后在下一句话里说出一些显示他们并没有明白的话。到现在为止，迪尔德丽阿姨在有关统计显著性的科学会议上已经变得非常令人厌烦。听众开始感到不舒服。她在说什么呢？但他们并不会停下来认真思考这个问题。经济学家似乎设置了心理屏障，以阻止自己理解这一点。这不难理解。正如叔本华所言：

> 对于我们已经有个人观点的事物，当新观点出现时，我

们自然会持防御和消极的态度。因为新观点像敌人一样闯入我们已形成的信念体系，打破了我们通过这一体系获得的内心平静，要求我们重新做出努力，并承认我们之前的努力是徒劳的。(Schopenhauer, 1851[1970]，第19章：第124页)

在约翰斯通所著的计量经济学教材的第三版中，这个研究了成千上万起无关紧要的道路交通事故的作者写下了令人不安的最后一章，名为"实践中的计量经济学：问题与展望"(Econometrics in Practice: Problems and Perspectives)。在这一章里，他几乎看出了他在整本书及这最后一章的其他部分中推荐的检验方法是无关紧要的，他引用了阿雷克·凯恩克罗斯 (Alec Cairncross) 爵士的话。凯恩克罗斯说，在过去的英国财政部，"年轻人可能会给我提供三十个不同的方程式来'解释'英国的进口情况，以至于一天的工作结束后，他们和我还是不知道是什么决定了英国的进口情况"(Johnstone, 1984: 510)。但像大多数经济学家一样，约翰斯通深陷于他自己的信念体系，认为抽样理论可以替代对"多大算大"的思考。

经济学家内心的平静依赖于统计显著性。这种平静迟早会被打破，因为它是无稽之谈。不可思议的是，像经济学家这样聪明的人在接下来五十年还会继续依赖无稽之谈。但到那时，经济学的科学世界会像被常识围攻的城市一样倒塌。这是令人恐惧的未来。克莱因之后所有的计量经济学工作都将需要重新进行。在历史上的价格趋同、最低工资或其他任何问题上，正常科学家们认为他们已经证明的一切都不会延续到21世纪。

这吓坏了老一辈的经济学家。我想对那些非常关注自己职业发展和成功的年轻人说：这是你们赢得名誉和财富的机会，放弃统计显著性，用正确的方法做前辈们做错的事情。对于认真的年轻科学家，这是通向科学真理的道路。新一代的经济学家对待量化的方式必须比他们在"回归—显著性—发表—忘记"的方法中所表现出的更认真。他们必须公开讨论什么是大的效应，并进行更多的模拟（simulation），即经济学家最古老的量化工具。

你可以从人们试图为统计显著性辩护时表现出的愤怒中看出，统计显著性是站不住脚的。我曾在几十个经济学系发表过关于"统计显著性破产"的演讲。没有人能提出反驳的论点，唯一的反驳是重申统计显著性和实质重要性被混淆了。但经常会有一些观众对我非常愤怒。他们大声呼喊、咆哮并嘲笑，就像人们在捍卫那些站不住脚的观点时通常会做的那样。他们的研究方法是一种没有经过推理的信仰，而不是思考的结果，在他们的气急败坏中，这一点表露无遗。这个方法是他们年轻时学到的，也是某种神圣的东西。得克萨斯州的一位年轻教授在试图以咆哮和嘲笑来达到他的目的后，气冲冲地走出了研讨会，完全像是我在亵渎一个仪式的感觉。弗吉尼亚州的一名研究生坐在后排嗤笑，来取悦坐在他旁边的教授，但当我礼貌地要求他提供一个论点时，他却无法给出。在荷兰，一位年长的统计学教授（有些统计学家没明白这一点，尽管大多数人明白了）在我演讲后说，"你说的一半是废话，一半是无稽之谈"。我承认"废话"的部分，因为这一点简单得愚蠢。但不幸的是，没有一部分是无稽之谈。我的研讨会生活令人恐惧，恐怕它展示了经济学中说服力的可悲状态。（虽然其他领域也表现出类似的现象；即使是数学家也会毫无理由地生气，比如说，对布劳威尔［Brouwer］的构造主义的批判。）

如果统计显著性仅仅是为年长的大学教授们提供心理安慰和职业助推，那么我想人们或许可以平静地看待这个克莱因式的恶习。但问题在于，统计显著性在经济学家们完成任何真正的科学研究之前就已经封闭了他们的思维。它还没有被打破，仍然阻碍着科学的进展。物理学家理查德·费曼（Richard Feynman）曾经讨论过他所称的"货物崇拜科学"（cargo-cult science），他指的"科学"，就像新几内亚土著在"二战"期间看到机场和飞机后，模仿制作沙堆飞机和沙堆机场，看似科学但实际上不是。他们用树干做的"飞机"并不能运送货物，没有飞机会降落在他们那个用蜡烛做"跑道灯"的土质跑道上。统计显著性是货物崇拜科学，或者用迪尔德丽阿姨的话说，是沙盒科学，实际上没有完成任何真正的科学工作，它挤出了（crowds out）真正有价值的研究。

经济学面临的重要问题都是定量的，或至少具有重要的定量维度。最低工资的问题取决于一个数量：失业效应有多大？失业补贴的问题取决于一个数量：补贴的效果有多大？1919年印度农业中的就业不足问题取决于一个数量：劳动者的边际产量有多大？如此等等，每个问题都是如此。但是如我之前已经提到的，在20世纪80年代《美国经济评论》的实证论文中有70%只考虑用统计显著性来做定量判断。这意味着70%的论文只是在参考占星术或神奇八号球之类的东西。剩下30%的论文即使也做了一些与科学相关的事情，比如模拟结果以查看在定量上是否合理，或者以其他方式讨论了"大"究竟有多大，也依然使用了这种神奇八号球。经济学教导我们"成本"总是关乎放弃的机会。以一个与科学无关的标准为重点或者大量（70%加上另外的26%等于96%）使用这一标准写论文的代价是，他们没有额外的时间来进行真正的科学研究。

一个很好的例子是关于现代资本主义中"竞争"的普遍性的世纪之争。例如，美国经济是否足够接近一个"竞争性"模型以满足实际需要？或者说，是否需要考虑垄断因素？这个问题就像是从比萨斜塔上掉下一个炮弹时是否需要考虑空气的阻力。在实际的比萨空气中，阻力并不值得担忧，并且你不妨视空气为真空。但是如果空气像泥巴一样密集，那么阻力就无法忽视了。

在经济实例中，垄断的阻力是否足够大非常重要。一整个经济思想学派都依赖于以某种方式解决这个问题。我自己所在的芝加哥经济学派说："是的，垄断确实存在，就像空气阻力对炮弹的掉落确实有微小的影响。但别担心，这不是主要因素。我们可以使用竞争模型，例如供求曲线。"另一个学派说："等一下，现代公司不是显而易见的大型垄断吗？阻力极大，更像泥巴而非空气。供需法则并不适用。"

这两派的问题，正如他们常常遗忘的那样，是定量问题。垄断的阻力对竞争结果有多大的影响？大多数情况下，这些学派只是互相嘲笑——"来吧，老兄，你必须承认垄断显然是［或者不是〕重要的!"当他们设法进行统计检验时,他们停留在统计显著性上。在竞争与垄断的重要案例中,我从来没有看到过一个相关的检验能够使双方都信服,并切中要害。最接近的是由两位马克思主义者,保罗·巴兰(Paul Baran)和保罗·斯威齐(Paul Sweezy)写的一本叫做《垄断资本》(Baran and Sweezy, 1966)的旧书。通常情况下,两边的经济科学家都觉得他们可以满足于互相嘲笑或者充其量玩玩统计显著性这种沙盒游戏。因此,经济学中的一个最重要的描述性问题从未被真正探讨过,更不用说解决了。

另一个例子是美国或其他任何经济体是否与世界其他地方隔绝的问题。美国经济只是全球经济的一部分,就像艾奥瓦市只是美国经济的一部分吗?如果是这样,大部分经济变化是它无法控制的,就像汽车的价格是艾奥瓦市议会无法控制的东西,是由世界其他地方"给定的"(正如经济学家说的那样)。还是说,与此相反,美国经济本质上是在自己的世界中,可以说就是在火星上呢?如果火星观点是对的,联邦储备系统可以大摇大摆地正确主张"设定"美国的利率。如果"世界是一体的"观点是对的,那就不是这样了。美国可以随心所欲,让记者们误以为它所做的事情很重要,但实际上利率将由整个世界的借贷市场设定,而不是由联邦公开市场委员会设定。

在处理这个问题时,经济学家已经成为克莱因式恶习的猎物。一个想知道世界其他地方的利率或者价格是否"显著地"影响美国的利率或者价格的经济学家,当然会用一个变量对另一个变量进行回归。到目前为止,没有问题。肯定有必要来检查有关历史的实验。一个地方的利率变动与另一个地方的利率变动有多么接近呢?你可以猜一下经济学家每次使用什么标准来决定多接近才算接近。了解到坚信"世界是一体的"的少数人已经转变成或没有转变成持火星观点的人,不会让人感到太惊讶。统计显著性并不是科学。它只是沙盒里的自我证明。

过去五十年来由统计显著性所造成的实证经济学的停滞尤其令人沮丧,因为从其他方面来看,计量经济学已经准备好要做出重大的科学贡献。对计量经济学一无所知的人倾向于认为实证工作是很容易的,你只需要出去查看一下,就能解决如美国经济竞争力这样的问题。在我所在的另一个领域,也就是历史学,我听到人们声称,只需要去档案馆阅读就能解决所有实证问题。(作为一名历史学家,我确实希望我的经济学同事认识到去档案馆是必要的,即使不是充分的。)令人惊讶的是,即使是受过计量经济学训练的经济学家(看来训练得不是很好)也认为,要判断最低工资是不是个好主意,你只需要知道一个高的最低工资是使在职工人境况更好,还是(从相反的思想观念来看,)会增加失业。

计量经济学从其在20世纪20年代和30年代的农业经济学的起源开始就回应说:事情没那么简单。最著名的例子是所谓的"识别问题"(identification problem)。你认为你可以仅通过将小麦的价格对数量进行回归就了解小麦的需求曲线是什么样的吗?事情没那么简单。你需要提前了解供给曲线。你不能确定你的回归"识别"了哪条曲线。

另一个最近的例子称为"选择性偏误"（selection bias）。你认为在研究生产时你有一个合适的生产技术随机样本吗？再想想：（你）只有在市场竞争中存活下来的有利可图的技术。这种效应的一个版本可以追溯到回归分析的起源，即"回归到平均值"。"最佳运营公司"的文献本可以通过理解以下事实而避免错误：如果你的"样本"是选择在过去十年表现良好的公司，那么接下来很可能会有一个表现不佳的十年。例如，许多在1980年被认为运营最佳的公司到了1990年就陷入了困境，比如IBM（国际商业机器公司）。原因是样本并非随机选择的，而是根据哪些公司在1980年表现得异常好来选择的。不出所料，从长期来看，它们的平均表现与普通公司一样，因此他们的"最佳运营"表现并不是长期成功的公式。同样的错误在关于日本方法（在此之前是瑞典方法，然后是美国方法、德国方法，在19世纪是英国方法）的文献中也被放大了。现在，日本经济正在回归均值。如果具备计量经济学的精细度，就能避免这样的尴尬局面：推荐美国公司采用公司歌曲和大量鞠躬，结果却发现那些唱歌和鞠躬的人终究是凡人。

克莱因式恶习已经破坏了现代经济学中的实证工作。幸运的是，这个问题似乎正在自我解决。（齐利亚克和我在20世纪80年代晚期发现了一些微弱的证据，我认为这一趋势一直在持续。）计算成本仍在下降，看来在未来几十年内都将持续下降，现在经济学家们可以使用他们最古老和与科学最相关的工具——"模拟"（simulation）。这相当于尝试用不同的数字来看哪一个效果最好。这是工程师在所有计算中经常做的事情。

模拟曾经是昂贵的。在研究生阶段，我是一名热衷于计量经济学的学生，我的一位教师是盖伊·奥卡特（Guy Orcutt），他从威斯康星大学来哈佛大学访问。1965年，奥卡特主张社会经济模拟，就像十五年前克莱因主张大规模计量模型中的经济模拟那样（只是微小的细节是，数字要通过显著性检验来评估）。但奥卡特的模拟在批处理作业和IBM卡片的时代是完全不切实际的，实际上只有现在才在计算成本上变得切实可行。经济学研究将摆脱不相关的统计显著性（她满怀希望地说），可能远在任何重要的经济学家群体意识到迪尔德丽阿姨是对的之前。就像沙盒里的男孩们的情况那样。哦，算了，只要他们最终能长大，好心的阿姨是不会抱怨的。

要将科学家的全部生活机械化的尝试没有获得成功。统计显著性声称要避免的是具有经济科学家品格的必要性。统计显著性声称它能取代经济学家应有的专业判断。这是它的根本错误。科学家必须进行主观判断。这种判断不能简单地依赖于t统计表完成。即便20世纪40年代的人们迫切希望能把这一切机械化，现实证明这是不可能的。知识是信息加上判断。判断是人类的活动，并受到一个由其他评判者组成的言语社群的影响。统计显著性是不道德的，在希腊语意义上就是没有反映"ethos"，即人格（character）。难怪它不起作用，只能制造出沙堆中的城堡。

第三章
黑板经济学的徒劳无功

经济学的第二个恶习,即萨缪尔森式恶习,声称黑板上的证明是经济科学家的主要工作。我认为外人很容易明白也很容易看出它有什么问题。这很好,因为它甚至比克莱因式恶习更重要。萨缪尔森式恶习深深植根于经济学之中。我说过,统计显著性直到20世纪70年代才成为悲剧。相比之下,由于相信真理来自粉笔,经济学家长期以来一直是"数学家",尽管他们不像萨缪尔森教他们的那样使用那么多的数学。

经济科学存在两种冲动,一种是17世纪英国政治算术的经验冲动,另一种是18世纪法国政治经济学的理论冲动。到了20世纪末,二者都染上了恶习,但它们并不是经济学领域的新趋势。经济学家约瑟夫·熊彼特在五十年前谈到了"李嘉图恶习",我借用了这个概念,将这三个坏习惯称为"恶习"。李嘉图恶习,是以19世纪早期伟大的英国经济学家大卫·李嘉图的名字命名的。我将第二个恶习命名为黑板经济学,用来描述麻省理工学院的经济学家保罗·萨缪尔森从1940年至今的辉煌职业生涯的成果。

保罗·萨缪尔森是第三位获得诺贝尔经济学奖的人。在印第安纳州加里市出生和长大，并在芝加哥大学接受教育，后来成为马萨诸塞州剑桥市反芝加哥的凯恩斯主义者的首席发言人——他是个现象级人物。有不少关于萨缪尔森的故事。20世纪40年代的一天，哈佛大学一位优秀但并不杰出的名叫西摩·哈里斯（Seymour Harris）的教授，踉跄地走出会议室，脸色苍白。西摩是萨缪尔森的博士学位面试的面试官之一，他刚刚直面了世界上最好的年轻经济学家，并被微笑地问道，"西摩，你通过了吗？"事实上，萨缪尔森一直是压力下的优雅典范。当哈佛大学经济学系对他的任命被当时常春藤盟校的反犹太主义者阻止时，萨缪尔森平静地走到不远处的麻省理工学院，并使其成为世界领先的新经济学中心。

这样的模范如何成为了恶习的创始人？知识分子悲剧的悖论可以解释。

萨缪尔森式恶习总是停留在理论的世界里，在学术生涯中想象着另一个世界，在这个世界里，海水滚烫，猪长着翅膀。换句话说，所谓的恶习只是普通人对学者、诗人和艺术家的抱怨：他们无休止地理论化，毫无意义。在与学术界听众交谈时，普通人的抱怨并没有得到太多的倾听。作为学者，我们也厌倦这种空泛的批评。然而，有时普通人是正确的，他们对现代经济学的看法当然也是正确的。

萨缪尔森创造了恶习。当然，创造者并非他一人。我们可以将肯尼斯·阿罗称为萨缪尔森式恶习的现代领导者。（经营恶习的是个家族企业：劳伦斯·萨默斯［Lawrence Summers］是萨缪尔森的侄子，也是阿罗的外甥。劳伦斯现在是中生代的著名经济学家，他实际上已经公开反对他叔叔和舅舅的恶习。）然而由于保罗·萨缪尔森对现代经济学具有独特的重要性，他在经济学上的地位堪比他的麻省理工同事诺姆·乔姆斯基（Noam Chomsky）在语言学领域、路德维希·维特根斯坦（Ludwig Wittgenstein）在英美哲学领域，以及弗洛伊德在早期心理学领域的地位。萨缪尔森比克莱因更能主导现代经济学。现代主流经济学是美国的。成为一名美国经济学家就意味着成为萨缪尔森主义者。成为萨缪尔森主义者意味着永远不必从研究的窗口看世界。尽管萨缪尔森在哲学上是一个实证主义者，因此在理论上致力于将理论与世界事实相比较，但在实践中，他从未这么做。

越来越多的经济学家希望采取萨缪尔森这样舒适的研究范式。这就是萨缪尔森的卓越成就成为恶习的原因，它在经济科学职业中已如此盛行。如果只有少数几个人搞纯理论研究，而且这些人没什么名望，倒也无伤大雅；然而，如果大多数人都这么做，这就是恶习。我的老师亚瑟·史密斯（Arthur Smithies）开过一个玩笑。他说，起初他想成为一名应用经济学家，但发现这太难了，因为必须与商人和统计数据打交道。然后他尝试研究经济史，但无法忍受经常去图书馆。于是他决定做一个理论家，只需要纸笔，根本不需要踏入现实世界。

史密斯走在了时代前面。20世纪60年代当我还是一名研究生时，经济学博士的大多数论文都是实证的，也就是说，试图将经济学与世界事实对照起来。例如，罗伯特·索洛（Robert Solow，萨缪尔森学派的另一位领袖，另一位诺贝尔奖获得者）写于20世纪50年代初的博士论文在很大程度上是实证性的，尽管这个事实鲜为人知。到了20世纪90年代，大多数经济学博士论文是对别人的数学模型进行修修补补。每篇博士论文基于同一主题，由三篇理论论文组成。经济学一个又一个细分领域都已经完全变成了"理论的"，即哲学和萨缪尔森式的，没有试图用世界来检验这个理论——或者，不幸的是，使用克莱因式恶习来"检验"它。

国际贸易理论这个旧领域长久以来就是这样，至少从李嘉图第一次实践李嘉图恶习后就是这样。一直到现在，国际贸易中典型的"科学"工作，就是从黑板上的图表中得出关于政策的结论。直到20世纪80年代，"产业组织"这个经济学子领域，还一直在名副其实地研究产业组织。然而，目前产业组织开始研究起了"博弈论"的某些数学性质。博弈论或称"游戏论"，名字起得真好，毫不避讳自己是沙盒游戏。学术经济学的一个又一个领域都走上了这条路。经济学中大约一半的科学工作都发生在黑板上。

要了解这样的事情是如何发生的，最好举个例子。在经济政策上，一个重要的问题是污染。说明政府干预合理的例子，是经济学中的"外部性"（又称"邻居效应"或"溢出效应"）。这些效应不会进入市场，换句话说，不存在交易外部效应的市场。其基本思想很简单。"好吧"，推崇政府干预的经济学家说，"我向你们这些推崇自由市场的人承认，如果市场运作起来，就放任它们自由运行，不需要干预。但那些没有进入市场的东西呢，比如工厂烟囱里冒出的烟，或者过往船只倾倒的垃圾？那些的确需要政府干预。"

可以在黑板上证明下列命题：如果重要的事情在市场之外，市场就不会为社会带来最好的结果。事实上，萨缪尔森在20世纪40年代已经对此证明了，并且将其纳入他非常流行的初级经济学教科书。证明过程非常简单。这个结论已被很多经济学细分领域用来证明政府干预的合理性。这个命题是：如果别人愿意用钱交换我的某个东西，而我也愿意，那么这个交易能让我和他的处境都变得更好。证明过程如下：如果这对我们双方都不利，我们就不会达成协议。因此，我们可以让市场自由运行，从而让能使交易双方状况都变好的交易发生。（请注意，证明的关键部分来了。）然而，如果别人没付钱就拿走了我的东西，就不能假设我和他的状况都变好。当市场无法运作时，政府可能会做得更好。证明完毕。

例如，我"拥有"呼吸清洁空气的权利。当荷兰咖啡馆里的吸烟者向我脸上吐烟，却不给我钱来补偿伤害时，就产生了"负的外部性"，外部性是溢出效应的别名。吸烟者从我这里拿走了干净的空气，而不是向我购买。这是偷窃，而不是交换。黑板理论家指出，如果国家裁定吸烟者不应该这样做，那么事情会变得更好。不可偷窃（Thou shalt not steal）。政府对你有好处。证明完毕。

但是请稍等。上述证明存在着智力上的悲剧。如果我穿了一件特别丑陋、根本不适合我的鲜黄绿色连衣裙，国家会干预并阻止我的打扮溢出吗？国家可能会禁止迪尔德丽阿姨冒犯公民的眼睛。从我穿衣打扮的例子中你可以看出，在黑板上证明所有溢出效应都该由国家解决，这种做法很奇怪，不对头。从技术上讲，溢出效应是证明政府行动合理性的必要条件，但不是充分条件。如果私人行动能很好地解决问题，比如说对冰淇淋的分配，那么政府采取行动的理由就不充分了。所以即使存在着溢出效应，也不是每一次溢出都需要麻烦政府干预。你可以看到问题所在，以及悲剧是如何开始的。如果溢出效应的存在不足以证明政府干预是合理的，那么你就不能在给出黑板证明之后心满意足了。

事实上，即使用黑板证明，你也会感觉到有什么不对劲。例如，防止污染外溢的干预措施可能会使情况变得更糟，因为政府并不完美。在20世纪60年代，我们中的许多人（包括我）认为政府是（were）完美的。现在看来，这种信念似乎很天真。即使政府是阻止溢出的完美工具，干预也可能冒犯我们对自由的概念。我们大多数人都会同意，如果我愿意，我可以穿一件丑陋的鲜黄绿色连衣裙。毕竟，当你开始干预以防止一个人"污染"另外一个人时，何处才是尽头？你是否过度关注每个人眼里的坏邻居效应？例如，过度关注反犹太主义倾向。20世纪40年代，哈佛大学的反犹太主义者可能会将教师俱乐部群体中的犹太人视为溢出物，从而以法律禁止。非市场溢出可能可以证明政府干预是合理的，但这并不能回答何处是尽头的问题。

换句话说，黑板证明太武断了。它想证明任何溢出都是政府行动的正当理由。但是，如果我们真的关心自由的话，这种说法显然是错误的。所以证明的适用性有问题。我们应该过度关注嫉妒吗？按照这种逻辑，对我来说，你的高收入是非市场溢出，我有理由让政府从你那里拿走一部分收入。对此，你可能会说："没问题！"但这样的做法哪里是尽头呢？我们应该过度关注厌恶吗？我姐姐不喜欢我改变性别。所以她试图用国家干预的力量阻止我。对自由的威胁不是微不足道的。

撇开自由不谈，将论点聚焦于审慎，即使如此，阻止溢出效应的措施也可能对人们不利。每次应用黑板证明时，你都必须问自己这些数字是否正确。是的，每次你都要这么做。黑板证明可能会提出问题，对此我们表示衷心的感谢。但黑板证明永远无法回答问题。世界上没有任何事实可以被抽象地证明。每一次证明时，你都需要使用事实。如果你用抽象的2+2=4来衡量溢出，你无法保证你得到了正确的量级。正如另一位诺奖得主罗纳德·科斯所指出的：关于外部性的黑板证明实际上并不能证明政府行动的可取性，一点也不能。

举个具体的例子，荷兰的绿色心脏（the Green Heart of Holland，以下简称"绿心"），顾名思义，是一块从鹿特丹蔓延到乌特勒支、被这些大城市包围的马蹄铁形状的农业区。在第二次世界大战后的同一场修辞运动中，这些城市被称为"Randstat"（边境城市）。保持核心区域为绿色，将城市生活限制在边界，是个好主意吗？荷兰的环保主义者认为这非常好，他们的理由正是溢出效应。他们指出，用住房挤压"绿心"或允许高速列车通过它，无异于环境财产被盗。到目前为止，环保主义者已经赢了。但结果是大城市的房价居高不下，对建造高速列车犹豫不决。换句话说，如果城市建在"绿心"里,你会感受到一些不好的溢出,但这本身并不足以证明环保主义政策的合理性。如果你认为这已是充分条件,那么你是错误的,你不可能站在黑板前就把重大的社会问题解决了。每一次你都必须测量溢出效应,政府干预的可能效率,荷兰住房价格的急剧下降,以及对"绿心"进行"手术"所带来的出行时间成本——而且在所有这些科学测量中,你最好不要使用统计显著性!

请注意,我在表达观点时一直没使用数学。然而,反对黑板证明对经济学的统治,并不等同于反对数学。经济学的黑板证明,比使用数学表达甚至比在黑板上使用数学表达还要早。其中最著名的是经济学家兼哲学家托马斯·霍布斯的一篇论文(称其为"经济学家"似乎有些奇怪,但在思想上他的确是),托马斯在17世纪后期从抽象的考虑出发,认为如果没有利维坦国家来防止盗窃和溢出,人类的生活将是孤独、贫穷、肮脏、野蛮和短暂的。另一个著名的例子是由经济学家兼商人大卫·李嘉图设计的,他在19世纪早期从抽象的考虑出发,认为不应该对国际贸易征税。因此,这又是"李嘉图恶习"。

问题不在于数学。霍布斯、李嘉图、弗里德里希·哈耶克或詹姆斯·布坎南等现代大师的技巧不是数学上的,数学体现在他们的知识品位上。像大多数新古典经济学家一样,我同意法国经济学家莱昂·瓦尔拉斯的观点,他在1900年写道:

> 一些经济学家不懂数学,甚至不知道"数学"是什么意

思，却认为数学不可能用于阐明经济原理，那就让他们走自己的路，任他们念叨"人类的自由永远不允许被扔进方程式中"或"数学忽略了摩擦，而摩擦是社会科学中的一切"去吧。(Walras, 1874/1900[1954]: 47)

没有数学，经济学也会进步，有了数学，经济学会进步得更快。数学使数百个经济问题变得更加清晰。经济学家的想法，如"生产函数"的隐喻、经济增长的故事、竞争的逻辑或失业的事实，如果不用数学，就很难说得清楚。再举个例子，数学可以非常清楚地表达如何"解决"在荷兰"绿心"区域内搞建筑施工的溢出效应。萨缪尔森对将数学引入经济学负有主要责任，正如他用劳伦斯·克莱因拟合的几个简单方程式来表述凯恩斯主义经济学那样。

然而，从另一个方面来说，数学的确又是问题所在，出问题的不在于它的技术，而在于它的智力价值。反映数学智力价值的不是使用Q=F（L, K）这样的公式，而是诸如"因此我已经证明"或"从我的图表可以看出（推导出）"之类的短语。说得更准确一些，问题在于萨缪尔森，尤其是他的追随者（例如我）使用的数学提高了黑板证明的科学声望，将它们应用于荷兰"绿心"区域或资本主义可行性等政策问题。数学在20世纪中期的声望，使人们认为经济学完全可以像哲学那样研究。这导致经济学家认为他们在黑板上的定性论证（"我的图表说明市场运作得好"或"我的图表说明市场运作得差"）与定量科学相同。但事实并非如此。

相比之下，在物理系、工程系甚至历史系，每个问题都是定量的。物理学家想知道多大才算大，正如我所说，他永远不会将如此重要的问题交给统计显著性或黑板证明。但经济学家就像哲学家和数学家一样，他们只处理抽象问题，懒得做实证工作——需要承认，不是所有的经济学家都是这样，但越来越多的经济学家是这样。越来越多的人想要从事像萨缪尔森那样仅用铅笔和纸就可以从事的科学事业。1982年，萨缪尔森的一位老师瓦西里·列昂惕夫（Wassily Leontief，他也获得了诺贝尔奖）计算出，在社会学和经济学中，主要期刊上整整一半的文章都是理论性的（现在这个数字会更高）。化学和物理学中理论文章的同类百分比是多少？百分之十！经济学的理论化程度是物理学的五倍。

理论化本身不是恶习。暴食是种恶习，但错不在饮食，而在于过度。萨缪尔森式的恶习的错误也是这样。理论很好。这是经济学的严谨想象。例如，溢出效应的想法就很好。如果我们没有这个理论，我们就很难想清楚荷兰"绿心"问题。当溢出效应以数学形式表达时，它可以为我们提供一些关于如何测量的有用想法。例如，如果溢出效应未能定义具有生产函数和效用函数的经济部门的产权，那么我们的注意力可能会被引到其他问题上：住房在荷兰经济中的份额，住房空间需求的收入弹性，"绿心"的农业金价值，等等。

问题不在于理论化的数学表达。我再说一遍，问题是暴食到了恶习的程度，而不是数学。尽管如此，数学对于理论化至关重要，即使不涉及数学，数学学者也被视为学术生活的典范。霍布斯在《利维坦》中写道:"几何学是迄今为止唯一让上帝喜悦的科学。"就像他同时代的斯宾诺莎(Spinoza)一样,他将自己所有的思想都以欧几里得的几何形式表达出来,这涉及公理和证明。正如理论家森岛通夫(Michio Morishima)讽刺地指出的,"读过关于社会选择的[黑板经济学]著作或阿罗和哈恩的不朽著作《一般竞争分析》的学生,可能会对这些著作与斯宾诺莎的《几何论证的伦理学》(本书用几何展示了一个伦理体系)之间的惊人相似之处感到惊讶"(Morishima, 1984: 51)。

科学界并不这么认为。科学家经常使用数学思考(在地质学、进化生物学和历史本身等涉及历史的领域,至少目前,数学工具还没那么泛滥),但无论如何,他们都不采用数学系的智力价值观。数学系的价值观是一致性(这一点最重要)、严谨性和从公理推导出结论。数学家不重视一时半会可行的东西。他看重永恒的证明。公理和证明在实际科学中的声望并不高,理解这一点对于理解萨缪尔森式恶习很重要。与非科学家想象中的相反,科学家不是特别重视纯数学的价值。在外界看来,哲学家和经济学家容易混淆数学和数学价值。他们将数学本身视为目的,而不是工具。正如科学哲学家保罗·费耶阿本德(Paul Feyerabend)所说的,"应该承认,一些正在经历停滞时期的科学,现在以公理化的形式呈现其结果[黑板经济学就是这样的],或者试图将它们简化为相关假设[统计显著性就是这样的]。这并不能消除停滞,但会使科学更像哲学家认为的科学"(Feyerabend, 1978: 205)。相比之下,自希腊时代以来,数学家们就喜欢上/下,真/假,存在/不存在。

例如，我们在学校里学过的关于勾股定理的证明。这个定理不是近似正确，也不是在某个邻域区间才正确，而是永远正确。但物理学家们总是在处理近似值。它从来都不是简单的上/下，而是多大才算大、可行吗之类的问题。

当初，理查德·费曼想要在加州理工学院一年级物理学课上介绍一些矩阵代数的简单定理，即使是这些有数学天赋的学生也认为这门课很难。费曼为此道歉。他问道："物理课上的数学有什么用？"然后他自问自答地指出，数学家和物理学家有着不同的智力价值观："数学家主要对如何证明各种数学事实感兴趣……而对他们所证明的结果并不那么感兴趣。"（Feynman, 1963, 第1卷：第22—21页）用抽象数学术语来严格证明勾股定理并不难，但出于物理学用结果做研究的目的，如果对该数学事实的证明出自用合适的三角形进行成千上万次的试验，也一样管用，以这样的方式：用卷尺测量，一个边长分别为4厘米和3厘米的直角三角形的斜边大约为5厘米。4的平方是16，3的平方是9，16加9等于25，这实际上是5的平方。对于"实践所证明的结果"而言，如果该定理仅在正或负百分之一的误差范围内成立（事实上，大曲面上的小三角形就是如此），那么对于某些物理用途来说，这就足够了。

现在，捍卫数学在经济学中的价值的人会说："我明白了，你反对经济学中的数学"。不，不，不。迪尔德丽阿姨恳求你们：请更仔细地听。数学价值观——对永恒的、精确的证明而不是对近似的热爱；对公理化而不是对经验的热爱；对定性真理而不是对定量真理的热爱——与实践中的数学不是一回事。理查德·费曼是数学的杰出使用者。虽然他使用数学的方式在物理学中很常见，但这会让数学家感到惊悚。举一个技术性的例子，物理学家快乐地使用非收敛的无穷级数。自1926年以来，他们一直使用薛定谔方程而不知道它是否有一般解。"一般解"并不是物理学家感兴趣的。即使是古老的牛顿物理学中的三体问题——比如太阳、月亮和地球之间的相互引力——数学家们已经研究了三个世纪，似乎也没有一般解。然而，天文学家可以足够准确地判断明年的月球在哪里。同理，诗人创作十四行诗时，不必从诗歌数学家那里知道十四行诗形式是否具有带着某种理想性质的"一般解"。用数学来证明关于物理或诗歌系统的一般性质，与进行物理计算或实际诗歌的活动不同。它们不是一回事，在物理系和文学系，人们明白这一点。

在保罗·萨缪尔森的职业生涯中，经济学的变化是从科学价值观转向数学价值观。（我再说一遍，这个趋势在经济学领域很早就已出现，很古老。）经济问题被重新定义为数学问题，就像诺贝尔奖获得者罗伯特·卢卡斯（Robert Lucas）将商业周期当作数学问题处理一样。到这个时候，悲剧还未发生。当数学系的问题被认为是科学问题时，悲剧就出现了。与统计显著性类似，这是个路灯下的醉汉的问题。举个例子，在数学家眼里，经济学问题可能类似"解存在吗？"。与许多不擅长数学的经济学家的认知相反的是，在寻找特定问题的局部解时，我们没有必要知道是否存在一般解。事实上，物理学的实践已反复证明了这一点。再举个例子，数学家会问"结论C背后的公理A是一致的吗？"再一次地，如果你对科学了解不多，你可能会认为，科学理论必须满足一致性。这不对。一致性是众多智力价值中的一个。它是数学系中占主导地位的智力价值（至少在学生中是这样：创造性的数学家重视一致性的证明，也重视有趣的数学思想），但在物理或历史等科学系中，它是次要的价值。

1939年，英国数学家艾伦·图灵（Alan Turing）与哲学家路德维希·维特根斯坦（接受过航空工程师和教师培训），就数学和科学价值观之间的对比进行了善意的对话：

> 维特根斯坦：问题是，为什么人们害怕矛盾（不一致性）？……
>
> 图灵：因为应用时可能会出错……
>
> 维特根斯坦：但没有什么会出错。如果真的出了问题——如果桥塌了——那么你的错误就是使用了错误的自然法则。
>
> 图灵：除非你知道微积分不存在隐藏的矛盾，否则你无法自信地应用微积分。
>
> 维特根斯坦：微积分好像有个很大的错误……目前这种错误还没有出现过。

安德鲁·霍奇斯（Andrew Hodges）是位数学物理学家，也是图灵的传记作者，他写道："但艾伦是不会被说服的。对于任何一个纯粹的数学家来说，一致性仍然是这个学科的美，尽管人们会争论一致性的意义,但这个系统是平静的、自洽的(self-consistent)、自给自足的(self-contained)。亲爱的数学!这是个安全、有保障的世界,在这个世界,不会出错,不会出现麻烦,不会出现桥梁倒塌!与1939年的世界截然不同。"[1](Hodges, 1983: 154;比较Monk, 1990[1991]: 418)

"1939年的世界"一词切中要害。正如统计显著性是不确定性世界中的锚一样,黑板证明也是如此,社会工程也是如此。它们都是在萧条、战争和意识形态冲突中消除世界不确定性的手段。它们都试图进入一个超越人类话语的领域,平静、自洽、自给自足。任何了解1939年、1945年或1953年知识氛围的人,都会理解这种努力的崇高性和必要性。

1980年前后,一个在耶鲁大学攻读博士学位的小伙子,接受了芝加哥大学的面试。他写了一篇论文,"弱化"了肯尼斯·阿罗著名的"阿罗不可能定理"(黑板证明的典范)中的一个公理。(在数学术语中,"弱化公理"是指将其替换为一个更一般的公理,以覆盖更多情形,适用性更广泛。举个例子,你证明了投票系统可能会给出不一致的结果,但你的证明依赖于你所做出的"限制性"假设。例如,假设投票系统为严格的50%多数投票制。你可以通过这种方式"弱化"该假设:针对原命题重新提出一种证明,使投票可能是不一致的——在获胜选票的百分比不是50%的情况

---

[1] 这里1939年应该是个双关语。它不仅是两位学者对话的年份,更是第二次世界大战全面爆发的年份。(与数学世界的安静美好相比,1939年的世界糟透了。)——译者

下，比如美国宪法修改需要2/3的多数投票。[1]）芝加哥大学的经济学家在奥黑尔希尔顿的一家酒店面试了这位求职者，他们非常有礼貌地听了他的演讲，然后问这种数学练习的科学用途可能是什么，这个经过修改、"弱化"后的定理，将如何改变我们对政治或经济的理解。天色已晚，求职者也很疲惫，他对如此愚蠢的问题感到生气。"搞什么搞！你们不明白吗？"他说，"我弱化了阿罗不可能定理中的一个假设！"在他看来，科学问题无关紧要；在他看来，真正重要的是提高一个著名定理证明的优雅程度，而不是这种优雅是否有助于我们更好地理解社会问题。但正如爱因斯坦所说，优雅是裁缝干的活。芝加哥大学没有雇用他，尽管现在，唉，他们可能会雇用他。情况越来越糟，除了数学系的知识价值，经济学家无法理解任何事物。

经济学家喜欢将自己与物理学家比较，并且以经济学与理论物理学类似为由，为自己在理论上的过度努力进行辩护。然而，经济学家们懒得去研究物理学作为一个领域是如何运作的。理论物理学家深入阅读实验性和观察性期刊，而经济理论家则不然。经济学家不怎么了解物理学家的工作，物理学家对经济学过度使用数学也感到惊讶。将物理学家和经济学家聚集在一起的圣塔菲研究所，清楚地表明了科学和数学系文化的冲突。在1989年，

---

[1] 作者所举例子的本意是：命题仅在某个点上成立，如果你能证明在其他点上这个命题也成立，你就做到了弱化假设——不需要限制在某个特定点上。然而，需要指出的是，作者所举的这个例子太牵强，也容易引起误解——这是显然的，因为2/3的多数票显然比1/2的多数票的假设更严格。——译者

《科学》杂志报道说，物理学家们"惊讶地发现理论经济学家在数学上是严谨的"［请记住，物理学家并不认为这本身是件好事］（Pool, 1989: 701）。一位经济学家问一位物理学家："你的证明呢？"这位物理学家吓了一跳，这种数学家的话语竟然从经济学家嘴里说出。他因此回答说："你可以提出定理，但我习惯把它留给数学家。"在傍晚的研讨会上，有人提出了一个难题。房间里最好的物理学家和最好的经济学家，都在第二天早上给出了答案。物理学家使用了足够真实的近似，提供了计算机模拟。经济学家给出了黑板证明，这样的证明永远都是正确的（如果命题有限制性假设，一代又一代的博士生可以想方设法"弱化"这些假设）。物理学家比经济学家更了解应用数学，而经济学家则更深陷到数学系的价值观中。

经济学中对数学价值观的辩护并不严格。数理经济学家满足于肤浅的论证，尽管受到质疑，他们还是教条地这么做。这类似于对统计显著性的辩护，辩护理由不堪一击。诺贝尔经济学奖得主杰拉德·德布鲁（Gerard Debreu）在一篇为他毕生工作所辩护的文章中承认，数理经济学家"属于应用数学家群体，他拥护该群体的价值观"（Debreu, 1991: 4），而不是经济科学家的价值观。他揭示了"经济学家对数学的研究给他留下的印记"（第5页），不知何故，那些将数学作为技术来研究的物理学家，对数学本身几乎没有兴趣，最终并没有"拥护"这些价值观。"物理学并没有臣服于数学，"德布鲁承认，"也不追求数学那样的严谨性。"（第2页）

对于这种非科学的方法，有什么辩护理由呢？德布鲁给出了一个经常能从黑板经济学家那里听到的但同样肤浅的辩护理由：经济学是个非实验领域。（天体物理学、地质学和进化生物学，都属于非实验领域，但它们都不依赖于黑板证明，这个事实在为经济学的辩护中被忽略掉了；经济学之所以是非实验性的，只是因为经济学家最近才开始做实验，例如伊利诺伊州关于雇用失业者补贴的实验。）因此，我们经济学家必须依靠逻辑一致性（无法提供任何论据来证明"因此"的合理性）。德布鲁写道，由于经济学"没有足够安全的实验基础……经济理论必须遵守逻辑话语的规则，必须放弃［物理学所使用的］逻辑不一致的工具"（Debreu, 1991: 2）。我们这些可怜的经济学家对世界的了解太少了，以至于我们不得不通过黑板推断的方式让我们所知甚少的东西走得更远。

很遗憾，德布鲁的观点是错误的。经济学家有海量经济数据，这些数据来自他们自己的日常经验、纽约证券交易所每分钟的股票价格、三千年前记录美索不达米亚经济交易的数以吨计的泥板，或者是中国政府数百年的记录。我承认，作为一名经济史学家，当有着数学系价值观的经济学家说我们"没有数据"时，我倾向于大笑。迪尔德丽阿姨确实应该更有礼貌，但这是一件很可笑的事情。至于外推法（extrapolation），这在任何科学中都是必要的，它的正式名称为模拟。人们可以想象其他情形——假如最低工资定得再高一些或者假如1861年的美国政客更好一些。数学对于某些模拟是必不可少的。数学很有价值。但数学系的价值观比无用更糟糕。仅知道存在解决方案，是没有用的。对于科学来说，重要的是所谓的建构性证明，即说明如何量化的证明。早在1924年，人们就可以读到与德布鲁观点类似的主张："在不可能做实验的情形下"，经济学专注于公理和证明是合理的；但作者接着指出，"演绎（deduction）的缺点在于它……是一种定性分析，而不是定量分析"（Bye, 1924: 285）。这话说得很严谨。

德布鲁对数学系价值观的论证并不严谨。它是情绪化的。他说，从事设计公理和证明的职业会导致"更深入"的理解。"深度"已经成为经济学家试图结束对话时所使用的词语，这个词来自数学系。没有人考察"深度"到底是什么意思。这是一个情绪化的术语，而不是一个科学术语。"简单和一般"，德布鲁声称，是"经济理论的主要特征"。"它们的美学吸引力足以使它们（以公理和证明形式表达的理论）成为理论设计者的理想目的。""设计师"干的工作就像设计车身一样。数学"满足了许多当代经济学者的知识需求，因此他们寻求数学是为了自己"。这就是体育评论或汽车所欣赏的科学。哇，看那甜蜜的双人表演。哇，看看那双缸汽车。它满足了一种情感需求。但这不是科学。

经济学中数学系价值观的拥护者有一个备用的辩护理由。这不是一个好的辩护，但值得一提，因为它说明了辩护是多么脆弱无力。这是个古老的证明（为证明辩护的证明），正如德布鲁所说，"容忍矛盾的演绎结构可能没有用处，因为任何命题都可以从这种矛盾中完美且立即得出"（Debreu, 1991: 2）。当然，德布鲁还没有完成他的哲学功课。正如维特根斯坦在与图灵的对话中所说，"假设我让［某人］相信骗子的悖论，骗子说，'我撒谎，所以我不撒谎，所以我撒谎也不撒谎，因此我们有一个矛盾，因此2×2=369'。好吧，我们不应该称之为'乘法'，仅此而已"（Hodges, 1983: 154）。保罗·费耶阿本德问道："让一个逻辑学家成为强手的［那个］论点背后的力量是什么？……科学中的矛盾不是根据形式逻辑的天真规则来处理的——这是对逻辑的批评，而不是对科学的批评"（Feyerabend, 1978: 211）。詹姆斯·麦考利（James McCawley）报道，逻辑学家安德森（Anderson）和贝尔纳普（Belnap）已经说明，"矛盾只会导致胡闹"（McCawley, 1981: xi）。

无论如何，物理学的历史，甚至数学本身的历史，再次表明一致性不是一种主要美德——不是科学理论有用所必需的。如果这是真的，那么在萨缪尔森式恶习之前的经济学，已被德布鲁和他在数学系的同事们带到了充满恶习的极端，这样的经济学没什么用。如果按照这样的标准，像无穷小但不为零的牛顿微积分这样有用的数学工具，在被严格证明（按照19世纪末的标准）之前是不可用的。我希望你现在相信，统计意义（统计显著性）与科学意义不同。同样，数学的严谨性和科学的力量也不是一回事。对统计显著性的追求和对数学严谨性的追求都是徒劳无功的。它们是现代经济学的货物崇拜科学和沙盒游戏。

不仅现代经济学是这样。在过去几十年里，计算机科学系如雨后春笋般冒了出来。既然招录了学生，就必须教给他们东西。于是，他们开始了数理逻辑课程，提供关于可计算性的黑板证明。（正如数学一样，图灵所贡献的可计算性文献很有趣。）同样的事情也发生在经济学中。与实际运用经济思维进行科学研究的技能相比，数学更容易教。因此，数学教学挤出了科学教学。一位计算机科学家抱怨了这个结果，事实上，这个抱怨同样适用于经济学：

> 程序员当然希望能够从数学上证明他们的程序没有错误，然而经验表明，这在任何实际意义上都不可能。现实世界的项目太大了，无法被证明是"正确的"［现实世界的经济太大，无法被证实是"稳定的"或"有竞争解的"］……几乎每个有用的程序都有漏洞，几乎每个简单到没有漏洞的程序可能都没有什么实用性……数学家把计算机程序［或经济］视为数学对象，这没什么毛病。毕竟，数学家把一切都视为数学对象，这是正确的……然而，所有这些都不意味着数学观点对练习编程的人来说一定是最有用的。（Borenstein, 1992: B3-4）

一些数学经济学家发现，真正的科学家对数学证明没有太大兴趣，但对数学帮助实现的现实计算很感兴趣。数学经济学家威廉·布洛克（William Brock）对这一发现表示惊讶：

> 在研究这一领域的自然科学文献时，经济学读者，尤其是在抽象一般均衡理论的传统基础上成长起来的经济理论家，应该认识到，许多自然科学家对下面这种典型的数学论证不感兴趣：在一个由一般公理松散约束的系统中，"任何事情都

可能发生"。仅仅表明逻辑可能性的存在［来源于无限序列的替代假设A，A'，A"，……］对这些怀疑论者来说是不够的。获得不稳定行为所需的系统参数必须符合实证研究建立的参数值，或者行为来自对自然的真实记录。（Brock, 1988: 2）

好吧，想象一下。数学系的价值观不会给物理学家留下深刻印象。历史学家要求进行实证研究。生物学家想知道实际的参数值。经济学"科学"中能有什么教训吗？

黑板证明是科学的附属品，只是家里的仆人，而不是女主人。很容易说明，专注于黑板证明的科学不会有任何进展。其中的道理不难说明。假设你有一个证据，在一组假设A下，你可以推导出结论C，即男人比女人优越。首先，让我们回忆一下众所周知的事实：只要你可以自由地选择A，你总可以设计一组逻辑连接来从假设A中得出结论C。因此，人们可以想出一组愚蠢的假设A：例如，假设体型与智力相关；我们又知道平均来说，男性体型比女性大的事实；由此得出的结论是，男性的智力平均水平比女性高。从经验上讲，关于体型的假设是愚蠢的，这在数学或逻辑中根本没有用处。数学和逻辑与事实无关。它们是关于推断的。如果苏格拉底是一个人，那么他终有一死。但是，如果苏格拉底是灵魂或文学虚构的人物，那么就可能有其他结果发生。如果你有一个完美的圆（这是假设A），那么它的周长正好是3.14159……乘以它的直径。（据说印第安纳州立法机构曾经考虑过一项法案，该法案建议将圆周率精确到3，以方便计算——这是另外一种假设，即假设 A'，而不是最初的假设 A。）但是，现实中的某个物体是否真的是个圆，或者为了某种人类目的而非常接近圆，这是个科学判断，与逻辑或数学考虑无关。因此，逻辑并没有说结论 C 是正确的。它只是说——用哲学中的专业术语来说——这是"有效的"（valid），也就是说，人们可以通过严格、一致的步骤从假设 A 或 A' 或 A" 或其他任何假设中得到 C。萨缪尔森式恶习的巨大悲剧，是将有效性问题与真理性问题混为一谈，把探索所有可能的假设 A、A'、A"、A"'……与所有可能结论 C、C'、C"、C"'……之间的联系视作科学。事实并非如此。这是数学系的数学。（我重申，萨缪尔森本人经常提出具有巨大科学成果的经济观点。悲剧和恶习来自他的学生和他学生的学生，并且愈演愈烈，直到演变为 20 世纪 90 年代空洞的非科学。）

关于这一切，我有一个"定理"，它"证明"我是对的，数学系的人错了。无须考察现实世界。该定理如下，其几何说明请参考图 1：

定理的元定理：假设 A' 结论 C' 定理

对于每一组可推导出结论 C 的假设 A，以及每一个在任意距离上远离 C 的替代结论 C'（例如，与 C 不相交），存在另一组与原假设 A 任意相近的替代假设 A'，使得由 A' 可推导出 C'。

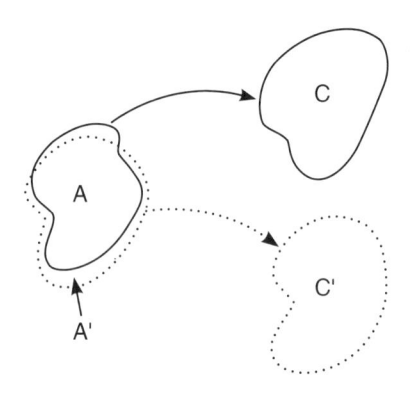

图1 仔细思考后对假设做微小修改,可能导致结论发生很大变化

所有这些冗长的废话都意味着常识性的观点,即如果你可以自由选择假设,那么你可以严格地推断出你想要的任何结论。事实上,它还有言外之意。它说,通过某种方式判断一个假设与另一个假设之间的差距,你可以稍微修改这些假设并且得到你想要的任何结论。例如,假设A可能是关于荷兰经济的假设,它足以证明"绿心"政策是好政策。经济学家对此进行了充分探索。他们囊括了诸如"农业不存在规模经济"之类的东西。但通过改变这一点或其他20个假设,你可以推翻黑板上的结论。你可以用彼此间存在微小差异的假设,并以某种方式判断它们的差异有多大,来证明荷兰"绿心"是个好主意还是个坏主意。诀窍在于,对"微小"和"多大"的评判是个偏好问题。另一个诀窍是,只要你足够聪明,作为一个实际问题,你就可以频繁地推翻一个严格的结论。

理查德·费曼再次提供了一个恰当的例子。当他在普林斯顿大学物理系读研究生时，他经常让数学系的同事们目瞪口呆：你向他陈述的任何定理，他都能判定该定理是正确的还是错误的。由于数学系的全部目的就是做出如此这般陈述，而这位纯粹的物理学家每次都能正确地做到这一点，这不能不让数学家们感到惊讶。但这里有个技巧，事实上就是假设A'结论C'定理。费曼会非常仔细地听他们的陈述，然后说"错误"。如果所谓的定理事实上被证明就是错误的，数学系的研究生们会说，"哇，费曼肯定是一个好数学家"。如果定理被证明是正确的，费曼会说，"哦，好吧，当你陈述你的定理时，我以为你说的是假设A'（与A相近）"。当然，在假设A'的情况下，很有可能这个定理就是错误的，就像费曼一开始声称的那样，因此费曼总是赢。这些数学家离开时会想："哇，不可思议。"然而，请注意，费曼并没有做有趣的数学。他只是在沙盒里玩游戏，对于像费曼这样聪明的人来说，这很容易。这是经济学家们自萨缪尔森以来一直在玩的一种游戏，他们没有费曼的幽默感，他们所做的也没有真正的科学意义。

我当然没有证明我的定理。（"你可以想出一个证明。"这位物理学家说，"并且无论如何我会把它留给数学家。"）但是，我认为假设A'结论C'定理是自"二战"以来在经济学一个又一个子领域所发生之事的一个很好的实证表述。保罗·萨缪尔森自己证明了一种叫做"要素价格均等化"（factor price equalization）的理论。这是个好的、有用的观点，源自瑞典经济学家赫克舍尔（Heckscher）和奥林（Ohlin），他们认为对外贸易往往会给劳动力和机器等物品（经济学的古老术语称之为"生产要素"）的价格带来压力。在正确的假设A下，压力将导致美国和中国的工资相同。然而事实很快表明，与萨缪尔森的结论（C）相反，在假设A'下，"工资未能趋同（C'）"。然后我们发现，在假设A"的情况下，工资趋同了。而在假设A'''下，工资又没有趋同。以此类推。没有必要进入真实世界。再喝一杯咖啡，然后继续"工作"。

自"二战"以来，黑板悲剧不断上演。每当经济学试图实现数学系的价值，而不是物理、工程或历史系的价值时，结果就是搜索假设A、A'、A"和结论C、C'、C"之间所有可能的联系，但没有得出任何结论。哈尔·范里安是一位非常优秀的经济学家，现在是加州大学伯克利分校的教务长，不幸的是，他在教学中努力推广"假设A'结论C"的经济学模式。但他是一个明智、诚实的人，因此，才有下列事情发生：在1979年与一位名叫艾伦·吉巴德（Allan Gibbard）的哲学家合著并发表的一篇论文中，他无意中破坏了他所倡导的假设A'教学计划的基础。"很多经济理论，"两位作者指出，"包含的不是……形成关于形势的明确假设并对其进行检验 [我多次指出过，这是物理学家和历史学家所做的]，而是考究经济模型。"（Gibbard and Varian, 1979: 676）他们说得没错。正如他们所解释的，"考究"意味着尝试一组假设A'、A"等。正如我的定理"证明"的那样，如果一个人只做这些，那是愚蠢的。这样的人将一无所获。不同的假设会得到不同的结论。嗯。除此之外，还能有什么新发现？

相关理论层出不穷，毫无意义，森岛对此批评道："经济理论家随意修改了他们自己认为不适用的原始模型的那些部分 [也就是说，他们用假设A'代替了A]，……然后他们最终得到了一大堆比原始模型更难处理的模型"（Morishima, 1984: 58）。森岛讲述了一个关于日本传统数学"和算"（wasan）的命运的警示故事[1]，和算从未与实际应用建立联系（所谓实际应用，正如布洛克所说，是指"通过实证研究建立的参数值或自然界中实际记录的行为"）。和算被简化为一种漂亮的技能，对科学毫无用处。

吉巴德和范里安对假设A'程序进行了标准辩护："当我们用这种方式改变模型的假设以查看结论如何变化［从C变化为C'、C''和C'''］时，可以说我们正在检查模型的稳健性。"（Gibbard and Varian, 1979: 676）"稳健性"这个词听起来像是工程学领域的。但在数学系的价值观下，二者根本不是一回事。它是对假设的定性探索，而不是定量探索。

这一点很快在论文中变得清晰起来。吉巴德和范里安令人信服地说明了，经济学需要的是定量修辞。他们用数学语言表达了这个思想："当你把一个［带有某些假设A的］模型作为近似，应用于某种情形时，你为结论的近似程度设置一个期望水平 ε ［也就是说，C与C'必须多接近才能称为相同？］……如果应用模型的假设［A］在近似程度 δ 下是正确的［也就是说，如果A与A'的距离足够小］，则其结论［C, C'］之间的距离小于 ε ［也就是说

---

[1] 日本数学"和算"是日本江户时代（1603—1868）发展起来的数学。"wasan"一词中的wa指代日本，san则指计算，该词于19世纪70年代创造，用于区分西方数学（yosan［洋算］）。明治时期（1868—1912）初期，日本向西方开放。日本学者开始采用西方数学方法，和算衰落。——译者

两个结论接近于相同]"(第671—672页)。换句话说,对于具体的问题,你要有量化标准,比如说,对于美国经济,与"竞争经济"偏差必须为多大,才能称其为"垄断经济";再比如荷兰"绿心"问题,"绿心"的正溢出效应必须为多大,才能让人们停止在那里建造房屋。

对我以及对任何定量科学家来说,上述思想听起来挺好的。但在下一句话中,吉巴德和范里安承认,在萨缪尔森式恶习的魔咒下,经济学没有这么做。在经济理论中,正如在期刊上所做的那样,"当然……经济学很少使用近似程度,即使使用,也没有量化"(第672页)。我认为这就是重点。既然我们已经知道从假设A、A'、A"……可以得到结论C、C'、C"……,我们还有什么必要阅读经济学期刊?

吉巴德和范里安的意思,本质上就是我所说的假设A'结论C'定理,它是萨缪尔森模式的经济"科学"的特征。事实上,与大多数经济理论家不同,我可以用我的定理来预测行为。任何近期"发现"都可从黑板上得到。我预测,如果这个"发现"被认为非常重要,那么在很短的时间内,就会有人发表论文,指出如果做出另一种假设A',上述"发现"就被颠倒。不久之后,另一篇论文将会出现,指出在假设A下原来的结论成立,等等。我进一步预测,当人们开始意识到黑板上的最新"工作"没有以任何方式证明任何事情时,"研究计划"的热情最终会消失。经济学家就会放弃所谓的"发现"。过段时间,又会出现一个伟大的天才,他有了其他的"发现",故事将重新开始。这不是科学。这是沙盒游戏。

这个故事完全符合萨缪尔森经济学的历史。罗伯特·卢卡斯和托马斯·萨金特证明，如果人们不愚蠢，那么他们就会预见政府的政策，因此政府不会有让他们感到惊讶的能力，政府政策也不会有什么用。很快在这个有价值的见解之后——我真的认为经济学家承认他们试图理解的人不是愚蠢的白痴是很有价值的，并且我稍后会说明为什么它对经济科学很重要——有人证明，如果A'，则C'。然后有人证明了如果A"，则C"，等等。类似的，许多不同市场间的相互作用是否使公司之间更紧密地勾结？在假设A'的产业理论中，这个有趣的问题已经被肯定回答过很多次，也被否定回答过很多次，没有定论。好吧，在一些世界里它是真的，在一些世界里它是假的。经济科学家啊，请告诉我：我们生活在哪个世界？

这种"研究计划"（更像是"今天下午的沙盒游戏"）现象反复出现。我接受了"线性规划"的精心训练，这是1964年前后流行的经济学假设A'结论C'的程序。罗伯特·多尔夫曼（Robert Dorfman，我在哈佛大学的老师）、萨缪尔森和索洛出版了一本书，向全世界宣布了新的"计划"。不到十年，它就死了。事实证明，我的训练几乎毫无用处，除了让我知道用"松弛变量"（slack variables）将边际生产力转化为矩阵代数，我没有任何收获。1964年的所有沙盒游戏在科学上是无用的（当然，其中一些知识可以用来经营炼油厂，尽管所有这些都是在多尔夫曼、萨缪尔森和索洛之前发明的）。大约在同一时间，哈佛大学推出了名为"投入产出分析"的并行程序,我将其用在我的毕业论文中。作为一个假设A'程序,它很快就死了,尽管每个人都认为它是一个有价值的程序。我还让自己训练了"增长理论"——我大约在1968年进入这个领域,那时我开始意识到萨缪尔森式恶习的愚蠢本质。增长理论也迅速死去,不过在死亡之前它帮助一些人成为经济学家。如今,"内生增长"文献("文献"[literature]一词让人们误以为这是实际的、累积的、永久有价值的科学工作)是自1945年以来增长理论的第四次或第五次生死轮回。

我自己的故事不是重点。任何经历过两到三个萨缪尔森式投机周期的经济学家,都应该意识到发生了什么。但身处学术时尚周期的人们,就像身处实际经济周期的人们一样,他们忘记前一个周期的能力是惊人的。

许多经济学家,例如罗伯特·海尔布隆纳(Robert Heilbroner)和威廉·米尔伯格(William Milberg),抱怨经济学的假设A'范式。对这种范式的反思和批评已很普遍,以至于可以被称为公认的观点;如果经济学系不继续雇用那些沉浸在数学系价值观中的人,这种范式也许会改善。托马斯·梅耶(Thomas Mayer)在他富有说服力的著作《经济学中的真理与精确》中认为,"在严谨性和相关性之间存在着权衡。我当然赞同一个人应该尽可能严谨;我反对的是超出正常人的严谨"(Mayer, 1993: 7)。

"反对数学"是愚蠢的。我不想被认为是机器破坏者[1],不想像女诗人那样抱怨她不理解的数学理论。我热爱经济理论,钦佩地教授它并将其用于经济史研究。我喜欢数学,并热情地研究了数学史。另外,对于我这一代经济学家来说,我在数学上受过充分的训练。(这意味着按照任何后来的标准,我都是个数学白痴,这也许是对的。)经济学需要数学。问题不在于经济学是否应该使用一些数学,也许应该使用更多数学,尤其是用来帮助模拟的应用数学。问题是经济学性质的:我们对定性理论分配的资源是否太多了,而对定量观察分配得太少了?我们是否对纯粹的存在性证明(这是柏拉图和欧几里得喜欢的)投资过度,而对基于经验的模拟(修昔底德和阿基米德所喜欢的)投资不足?经济学的理论化程度是化学和物理学理论化程度的五倍,这好吗?

像萨缪尔森这样的老人在年轻时受过创伤,因为那个时代的人们愚蠢地反对经济学使用任何数学。事实上,在20世纪50年代,萨缪尔森及其追随者已获得了胜利,然而在20世纪90年代,他们仍然乘胜追击。他们仍然关注定性而不是定量论证,这使得经济学中数学系的价值观越来越重。他们继续在经济系里聘用推崇假设A'范式的年轻人,这些聪明的小伙子很难像费曼与数学家们嬉戏那样想出A'范式的问题所在。其结果是工程或历史价值的下降。一般的"训练有素的"现代经济学家不会问"多大?"或

---

[1] 英国工业革命初期,一些工人被机器替代,愤而捣毁机器,作者在这里的意思与之类似。——译者

"它有效吗？"或"雅典人去锡拉丘兹时发生了什么？"而是问"你的［黑板］证明去哪儿了？"或"你怎么能改变你的公理？"

这不是我们是否应该为理论分配任何时间的问题。我们当然应该。无拘无束的想象力必须得到尊重。这种经济诗歌的存在是一件好事。然而存在定理没有切中要害。与所有科学问题一样，这个问题是个数量问题，而不是存在性问题。多大才算大？政策问题是我们是否应该将一半的时间分配给理论。既然劳而无功，答案很明显。自从感染萨缪尔森式恶习以来，经济学就没有进步。它在周而复始地循环。数学系的研究员指出，论文的数量是他们"生产力"的证据。然而，如果你问经济学家自1945年以来的存在性定理和证明为理解经济世界提供了什么见解时，也许因为意识到每个存在性定理都可能通过修改假设而被推翻时，他们沉默了。将如此多的资源分配给这样一个毫无结果的科学计划，用亚里士多德的话来说，是一种恶习。

构建经济思想并不是件坏事。萨缪尔森经济学已经发明了许多好思想，或者说使旧思想得到了凝练。诚然，凝练本身往往就是人们如何行动的机械模型。保罗·萨缪尔森想要一种没有性格（character）的经济学，它就像机器一样完成业务；萨缪尔森将经济世界视为由经济人（Homo economicus）组成的。这台机器被称为 Max U[1]，一个审慎的怪物。然而，即使是 Max U 也有能告诉经济

---

[1] Max U 是 Maximize Utility（最大化效用）的缩写。效用的基本意思可以通俗地理解为"爽"。经济学家认为经济人的行为是为了达到最爽，即效用最大化。——译者

学家的一些东西。

但萨缪尔森过于自信了，他的理想被不断出现的假设A'结论C'所压倒。例如，萨缪尔森本人对"乘数（multiplier）和加速器（accelerator）之间的相互作用"进行了经典的演示，这是宏观经济数学模型的早期例子。但正如布洛克所说，在一个由一般公理松散约束的系统中，如果没有参数的记录值，任何事情都可能发生，而且确实发生了。萨缪尔森本人证明，在一个如此松散的经济体中，任何事情都可能发生；即使你不喜欢这样的结论，但几十年来在宏观经济学黑板上的"研究"已经一次又一次地证明了这一点。类似的，博弈论（不必惊讶，这又是数学家发明的东西，他的名字叫约翰·冯·诺依曼 [John von Neumann]）最近也进入了周期的下行阶段。在博弈论的兴起和衰落过程中，也产生了一些好的想法，但问题是，这些好的想法（事实上，大多数已经从其他早期的方法中被知道了，例如纯粹讨价还价的不可解性）已经被"想法"A、A'、A"、A'"……淹没了；这些东施效颦的想法，由数百名试图过着萨缪尔森式生活方式（在黑板上研究不必关注现实经济）的经济学家产生。从经济上讲，这是一个"公共池塘问题"。"科学"论文被过度捕捞。你写假设A，我写假设A'，他写假设A"……这样写论文，太容易了，太机械了。它不涉及判断，不涉及任何美德，只涉及狭隘的审慎。

与统计显著性一样，假设A'范式具有机会成本：用来研究这些玩意的时间本应该被用作完成严肃的工作。由于搞这些玩意的人往往是该领域最优秀的，这尤其令人难过。一个小例子是，从1935年到1955年左右，很多经济学家讨论序数效用与基数效用，这纯粹是种人才浪费。像萨缪尔森、希克斯、豪塔克（Houthakker）等人，本该把时间花在任何其他任务上，哪怕是洗咖啡杯也好；如果他们一直关注工程系或历史系而不是数学系的价值观，他们就会知道这一点。另一个大一点的例子，是抽象的一般均衡理论，这是数学系价值观最纯粹的例子。当一般均衡理论的实践者拿到了哈佛大学教授职位，该理论就不再是一线明星了；现在的一线明星是博弈论。

每个人都知道这一点，尽管他们不太愿意承认自己所属的经济学子领域是这样的。宏观经济学鄙视产业组织领域毫无意义的假设A'范式。产业组织中的博弈论学者看不起贸易理论中的$2\times 2\times 2$模型那毫无意义的迭代。贸易理论家嘲笑宏观经济学中"五年周期"的理论风尚[1]。这与统计显著性的后果类似：没有人相信其他科学家所谓的"科学"。

你可以再次看到充满希望的迹象：经济学家逐渐失去了对黑板证明的信心。例如，博弈论学者自己已经证明了他们论证的狭隘局限性，这种论证大致是这样的：人们的确合作；有限囚徒困境博弈瓦解，使合作变得很难解释；但正如"民间定理"所说，无限博弈有无限多个解。无数个解的情形对科学有什么用？

一些经济学家已经转向实际实验，尽管它们是在亚利桑那大学或加州理工学院的本科生身上进行的。"实验经济学"，顾

---

[1] 即一种理论大约在五年后就被新理论替代。——译者

名思义，是充满希望的迹象，事实上，它已经将一些数学系的经济学家从原本无意义的工作中拯救出来。一些经济学家已经转向数据，"新"经济史学家就是这么做的，例如伊丽莎白·霍夫曼（Elizabeth Hoffman）既研究历史又做实验。这种对科学的热爱是罕见的，但人们希望研究生们最终能够意识到，他们可以通过解释世界的某些事实而不是探索假设A、A'、A"的超空间来做出永久的贡献。

具有讽刺意味的是，实验经济学中的很多实验表明黑板证明的结论是错误的。霍布斯问题（Hobbes Problem）问了个奇怪问题："一群未社会化的野蛮人会自发地形成公民社会吗？"萨缪尔森经济学中的"Max U"人，就是这样的野蛮人，他们只有审慎没有美德：没有节制，没有爱，没有正义。经济学家指着黑板，一遍又一遍地说，"不，像Max U这样未社会化的野蛮人会偏离社会安排。好家伙，这有趣吗！"如果你假设某些人不是法国人（甚至不是任何国家的人）、没有性别、不是在家庭中长大、未被其他方式社会化从而没有美德与恶习，你还花三个世纪来研究含有这个假设的问题，你傻不傻？（男性经济学家从来没意识到这很傻，那些为数不多的女性经济学家从一开始就发现这个假设很荒谬。）然而，事实上，最近的实验已经推翻了黑板证明。正如女人所期望的那样，人们会自发地合作。这个发现的讽刺之处在于，比霍布斯模型预测的更不合作的唯一人群是（各位听好了）经济学专业的学生。注意，在学生们进入经济学系之前，他们是合作的；他们是从什么时候开始不合作的？从教授一遍又一遍地在黑板上告诉他们合作者是傻瓜之后。这个发现真是令人尴尬。

迪尔德丽阿姨想要高度评价她那才华横溢的侄子，我不敢相信他会把余生放在黑板证明上，却没有意识到世界上的事实不可能在黑板上找到。经济学家是非常敏捷的思考者——也许有时为了自己的利益他们的思考有些太快了，但从任何标准来看，他们都不迟钝。他们最终会明白无休止地理论化 A、A'、A" 毫无意义；他们会回到他们做得很好的工作中来解释经济现象。正如范里安所说，他们将"对情形形成明确的假设，然后对其进行检验"。一些经济学家，如 A.C.哈伯格（A. C. Harberger）或阿门·阿尔钦（Armen Alchian）或理查德·凯夫斯（Richard Caves），在萨缪尔森时代属于少数派；这些人一直致力于解释经济现象。一个经济学家在面对比如英国灯塔历史（Coase, 1988），或美国的男女工资差距（Goldin, 1992），或煤矿城镇的公司商店（Fishback, 1992）时如果深入思考，将产生很深刻的理论想法，它们最终会帮助我们更好地了解这个世界。如果经济学要回到地质学或生物学这样的累积科学上，它就必须像地质学研究实际构造板块或生物学研究实际乡村池塘那样，研究实际的东西。经济学必须首先离开黑板，当它谨慎地回到黑板上时，它必须有实证研究建立的实际参数值。

第四章
社会工程学的傲慢

第三个恶习也是最大的恶习,那就是社会工程学,我称之为廷贝亨式恶习,以经济学家扬·廷贝亨的名字命名。扬·廷贝亨(1903—1994)是第一位获得诺贝尔经济学奖的人(他的弟弟尼古拉斯·廷贝亨获得过诺贝尔生理学或医学奖)。这三种恶习都可以追溯到西方思想史上。太阳底下无新事,克莱因、萨缪尔森和廷贝亨在经济学中提出的三大思想也不例外。克莱因的想法来自亚里士多德和培根:如果你折磨大自然,它也会开口讲话。(很不幸,这是屈打成招。)萨缪尔森的观点是毕达哥拉斯式和笛卡尔式的,认为坐在温暖的房间里认真思考,就可以解决世界上许多问题,如果不是所有问题的话。廷贝亨的想法是柏拉图式的和孔德式的,认为你可以像设计桥梁一样设计社会。不幸的是,它不可行,即使可行也不该这么做。

一个半世纪前,法国实证主义哲学家孔德(Comte)将廷贝亨计划表述为 "prévoir pour pouvoir"("为了控制而预测")。你在温暖的房间里想出一个荷兰经济的理论模型,为它提供根据统计显著性计算的维度，然后它就能像一辆精心设计的汽车一样在未来平稳运行。柏拉图在《理想国》中认为他可以以这种方式奠定未来。从心理学到经济学，"为了控制而预测"，一直是现代社会科学的圣经。韦斯利·克莱尔·米切尔（Wesley Clair Mitchell）是两次世界大战期间的一位伟大的美国经济学家（在统计显著性和黑板经济学兴起并毁了相关工作之前，他是位实证主义者），他在当时的影响力与萨缪尔森在他那一代人中的影响力一样大。他在1924年写道："在经济学领域，和其他学科一样，我们获得知识主要是为了控制。控制意味着我们有可能塑造经济生活的演变以适应种族发展的目的。"（引自Adelstein, 1991: 168）但人们认可并同情这种冲动：看在上帝的份上，让我们在计划中找到一些确定性。

本书写于荷兰，当时我是伊拉斯姆斯大学的廷贝亨客座教授，东道主对我非常亲切。廷贝亨是具有国际影响力的鹿特丹学派创始人，哈里·范·达伦（Harry van Dalen）和阿乔·克莱默（Arjo Klamer）将其称为鹿特丹经济学之父，而我却将他的社会工程学思想称为廷贝亨式恶习。这是不是有些不厚道？我的做法不只是一种表达感谢的奇怪方式。我还要指出，廷贝亨在柏拉图–孔德式思想的继承人中不是昙花一现的，他是经济学界真正的世界级人物。

20世纪60年代，我在马萨诸塞州剑桥市读书，那时我可以称得上是廷贝亨思想的后代。我的知识谱系与鹿特丹学派紧密相连，难解难分。例如，作为一名学生，我是廷贝亨的学生和他同事汉斯·泰尔（Hans Theil）著作的狂热读者和追随者，例如我深入学习了他早期关于加总（aggregation）的著作。后来，泰尔加入了芝加哥大学，我也很自豪地成为他的同事；十年间，几乎每个工作日，我都和他一起吃午饭，和他讨论经济学和计量经济学。我在哈佛大学时是约翰·迈耶（John Meyer）的学生，他教授工程经济学，试图将廷贝亨和泰尔的经济政策愿景变为现实，并让我直接阅读廷贝亨的著作。设计一个城市交通或哥伦比亚交通系统以及经济体的模型，然后将其实践。阿尔弗雷德·康拉德（Alfred Conrad）刚从鹿特丹回来一年，他是迈耶的朋友，也是我的另一位导师；他和迈耶一样，鼓励我朝着经济史的方向发展。

威斯康星大学的盖伊·奥卡特是美国版的廷贝亨，当他访问哈佛时，我跟着他学习了两门计量经济学课程，那时还没有很便宜的计算方式，因而计量经济学还没那么实用。贾林·库普曼斯（Tjalling Koopmans）是克莱因和萨缪尔森式恶习的先驱，他是廷贝亨的学生，后来加入了耶鲁大学。库普曼斯在1957年写了一本名为《经济科学状况的三篇论文》的小书，此书后来广为人知。他提出的建议，甚至连他的老师廷贝亨都开始吃惊，因为廷贝亨认为库普曼斯想将黑板经济学与实证经济学分开——为了保护二者，建议将假设性的（数学系）方法作为这种分离的主要工具（Koopmans, 1957: viii）。经济学的数学分支应该大大扩展，它应该致力于"一系列模型"：A'、A''、A'''（第147页及其后续内容）。虽然我的这本小书可以视为对库普曼斯的答复，但当我在读研究生时，我认为他的提议富有哲理，很伟大；对于这个建议，我完全相信。我希望我不是廷贝亨鹿特丹学校最年长的成员，但我不得不承认自己是最年长的成员之一。

廷贝亨推荐的这种社会工程，先在荷兰中央规划局实施，然后在世界范围内实施，这有什么不好吗？设计未来不是个好主意吗？这些问题有两个答案，一个来自社会工程本身，另一个来自更广泛的社会。

社会工程学行不通

来自工程内部的答案简单而充分：根据工程本身的标准，它不可行。预测和控制要想正确，当然必须在我们的生活和社会中进行计划。正如富兰克林·罗斯福在试图将美国经济从大萧条中解救出来时所说的那样，我们无法知道这个或那个会起作用，但我们必须尝试。审慎的实验是好的。超越务实精神进行预测和控制的错误在于，人类在某种程度上是不可预测的，这对经济模型至关重要。有利可图的预测是不可能的。

迪尔德丽阿姨并不是站在工程师的角度提出批评。在典型工程师的眼里，廷贝亨式恶习也许是一种美德，他可能会说我们无法做出预测，因为我们的计算机模型太小了。的确，那些由廷贝亨提出、克莱因实施、库普曼斯理论化以及泰尔用于政策实践的大规模模型，效果不佳。（有一天，泰尔在午餐时说了这句话，这让我感到惊讶。）但这并不是让迪尔德丽阿姨最担心的批评，因为工程师总可以回答说，我们没有给他足够的钱来做正确的事情。

事实上，很多年前，当劳伦斯·克莱因关于美国经济的早期模型失败后，他已使用过这个借口：他认为如果将单个国家的模型连接成一个大的世界模型（这称为"项目链"计划），他的思想就是可行的。克莱因期望获得更好的预测，呈现典型的工程风格：给我们钱，我们就会完成工作。

迪尔德丽阿姨也不是一个反对量化的人。反对量化的人可能认为，由于人类精神不可言喻的自由意志，我们无法做出预测。这样的人会建议你完全放弃迪尔德丽阿姨最喜欢的那种经济学，那种她从扬·廷贝亨和他的学生那里学到的经济学。她根本不喜欢这样的提议；恰恰相反，她希望她的侄子在测量数量方面变得严肃认真。

与很多其他经济学家一样，我是一位对恶习持怀疑态度的定量经济学家。经济学家们一直在解构他们自己的预测和控制主张，还顺便解构了社会工程学赖以建立的统计显著性和黑板证明的例行程序。他们知道恶习出了大问题。现代主义的梦想——你可以在"二战"后鹿特丹的建筑和20世纪60年代美国在越南的政策中看到——是让一切事情都变得简单、可计算。经济学家逐渐意识到，人类本质上是不可计算和复杂的。美国著名经济学家劳伦斯·萨默斯最近写了一篇关于宏观经济学中未实现的预测和控制承诺的文章。爱德华·里默和其他人再次从行业内部解构了有关统计显著性的主张。

与第三种恶习即廷贝亨式恶习最相关的是，很久以前的奥地利学派和过去四分之一世纪的理性预期学派都指出，我们试图设计的是我们自己。这是个大问题。经济学的反身性（reflexivity）对我们可以预测和控制的东西设定了严格的限制。经济学界的每个人都知道这是真的，即使他们不相信它适用于无限的审慎。这是我对社会工程学的主要抱怨。它对预测和控制的野心和能力与经济学一样糟糕，每个经济学家都同意经济学的预测能力很差。

一个重要的例子是预测未来市场，即未来价格。当别人告诉你一条关于股市的小道消息时，你会怎么想？如果你是审慎的资产阶级，而不是一个浪漫的贵族或容易上当受骗的小农，你会对自己说："他为什么要告诉我这些？他的话是真的吗？"你会问那个美国问题："如果他这么聪明，为什么他不富有？"

这个美国问题是有趣的，但它不是在开玩笑。这是向经济学家和计算专家所提出的最好问题。唯一可以做出有用预测的经济模型，能比市场更准确地预测商业周期的转折点，或者明年鹿特丹的房价，或者下个月的利率，或者明天德国马克的汇率。但是，如果你有这种神奇的力量，那么你就是神，即使你是人不是神，你也能做到想多富有就多富有。如果我知道明年鹿特丹的房价，并且比市场更了解它，那我就可以在房地产上投机而发财。这事很简单，我只要融资购买（或出售）尽可能多的房屋即可。

这就是社会工程学的问题所在：如果社会工程师真的很聪明，他们就会变得富有。事实确实如此，这是一个无可争辩的经济原则。经济学本身就破坏了20世纪40年代的主张，这些主张已成为20世纪90年代的恶习：像预测和控制物理世界那样，尽可能多地预测和控制社会。（这是我在荷兰看到的一种恶习，所以当你发现一位伟大的荷兰经济学家开创了这种恶习，也就不足为奇了。荷兰人有着资产阶级对"应该怎么办"的妥协和协商的光荣传统；但他们也有一个不那么吸引人的传统，即以贵族般的傲慢假装自己很懂。）

如果通过学习计量经济学书籍就可以进行预测，那么每个这样做的人都会很富有。现在我们使用一下经济学（和生物学）的一个基本原理，即进入和退出原理。如果事实如此，那么人们就会开始阅读计量经济学书籍，直到这么做的利润被压低到一个较低的正常水平。这是一个三段论。如果专家们如此聪明，那么他们就会很富有。但事实是他们并不富有。因此，我们可以严格推导出结论：他们并不那么聪明。这是黑板经济学，但基于的是自然界所记录的行为。

你可能想更准确地了解社会工程学的雄心壮志出了什么问题。我先介绍人类行为的一个简单"公理"：你在人行道上看到地上有一张100美元的钞票，你会捡起它（事实上，我们从生活经验中知道这是真的）。这个公理叫做适度贪婪公理。它不涉及认真计算承担风险的好处或强烈意愿。如果你看到的是一枚25美分硬币，你会悄悄走过去捡起（试验发现，曼哈顿人会弯腰捡起）；如果你发现的是一张100美元钞票，你会扑过去捡起。这个公理是没有争议的。所有经济学家都赞同它，无论他们是否"相信市场"。适度贪婪公理是经济科学的主要原则，是审慎的科学。捡起100美元钞票是基本的审慎。

请注意，这个没有争议的公理的意思只是说人们有一点点审慎，它有一个令人痛苦的结果，一个可悲的一百美元钞票定理：

> **一百美元钞票定理**：如果适度贪婪公理成立，那么今天你家附近任何人行道上都没有一张100美元钞票躺在那里。
>
> **证明**：反证法。如果在时间T–N之间有一张100美元的钞票躺在那里，那么根据适度贪婪公理，有人在T之前（显然是今天之前）就已经捡起了它。证毕。

经济学家讲了一个笑话（是的，即使是枯燥的科学有时也会开些玩笑），这个笑话涉及将一百美元钞票定理引入经济周期的两个最主要责任人，托马斯·萨金特和罗伯特·卢卡斯。萨金特和卢卡斯走在人行道上，鲍勃[1]说，"看，人行道上有一张100美元的钞票！"汤姆回答说，"不可能。如果人行道上有一张100美元钞票，早就被人捡走了。"

这里关于黑板经济学的玩笑当然反映了适度的审慎。如果有人就如何在人行道上找到一张100美元的钞票提供建议，并且要求支付一小笔费用，审慎的成年人会说："不用了，谢谢。"如果那里真的有一张100美元的钞票，那个非常自信地提供建议的人早就自己捡起来了，不可能建议别人去捡。这里的论证使用了适度

---

[1] 这里作者用鲍勃（Bob）指代罗伯特·卢卡斯，并用后面的汤姆（Tom）则指代托马斯·萨金特，独具诙谐讽刺意味。——编者

审慎原则，它是如此简单明显，以至于自信的人必须假装他们只是因为自己太审慎而建议别人去干。我曾经收到一封信，自称是"世界上最伟大的秘密！现在你可以学习如何在接下来的90天内收到5万张5美元的钞票……来自该计划发起人的私人便笺"，爱德华·L. 格林（Edward L. Green）。这是一封连锁信[1]。格林先生令人惊讶的善意得到了来自塔尔萨市的卡尔·温斯洛（Carl Winslow）的证实："这是我收到的唯一现实的赚钱提议！我参与该计划是因为它真的可行！"

根据审慎原理，这个计划真的是在胡扯，完全胡扯。一个孩子会认可连锁信或购买保证投资收益的美国内战纪念小雕像或总统纪念币，并期望获利；成年人不会。没有一个有生活经验的人会相信发行票据交换所说："Z. 史密斯女士，你刚刚赢得了25万美元。"成年人不指望运气不请自来，他会谨慎地问道："他们为什么要告诉我这些？"出于审慎，任何成年人都会对相当于捡起一张100美元钞票的提议持怀疑态度。

在鸡尾酒会上，经济学家经常被问到利率、住房价格或玉米价格会发生什么变化。人们认为，向经济学家询问未来价格，就像在聚会上向医生询问胸痛一样，可以免费获得专家的建议。以玉米为例。美国中西部的任何农业经济学家，都曾经被问及下个月的价格将如何变化的问题。当然，人们期待这些经济学家对未

---

[1] 即收信人复写多份待寄出的信件，收到信的人继续复制和寄出，以此类推。——译者注

来价格的预测一定比报纸上刊登的更准确。如果你被告知，没有人知道或有能力知道未来价格，这该多扫兴。然而，如果一位经济学家声称她比期货市场更了解玉米价格会发生什么变化，那么这无异于她建议你如何在人行道上捡到100美元钞票。如果她有这个能力，那么她只要用她家的净值或她稳重的名声来借入一些钱，就可以赚取10万美元，然后赚取1亿美元，然后更多。这很简单。

社会工程要想可行，它的许多组成项目必须能够准确预测。例如，利率是经济中许多决策的基础，例如投资决策。任何宏观经济工程，必须比市场更了解未来会发生什么，否则工程就失去了意义，把它们交给市场就好了。但是，如果政府经济学家比市场更了解未来利率，他就可以发大财，就可以在泽兰（荷兰省名）购置乡村庄园。我曾经参加过美国经济学会执行委员会的一次会议，会上讨论了一项制定行为准则的提案。经济学家对伦理讨论感到不舒服，与会的很多经济学家没有深刻认识到，经济学是唯一缺乏这种准则的领域。当我们开始考虑提案可能涉及的内容时，一些自作聪明的人建议第一条规则为："永远不要预测利率。"

你可能会反驳说，赚钱是有风险的，教授或政府顾问是谨慎的。因此，你不认为他们说了大话，不认为他们的预测不可靠。你反驳的问题在于，对玉米价格的押注可以采用对冲（hedge）。也就是说，你可以针对风险投保，如果你的估计暂时错误，你可以获得平均收益，而不会有灾难级别的风险。这是肯定的即没有风险的事情。哪怕你的平均收益仅胜过市场一点点，你也可以毫无风险地赚很多钱。如果事实如此，你发现低买高卖的机会，例如20世纪60年代电视台经营权或者20世纪80年代丰田汽车进口权，·就像随时在地上找到一张100美元的钞票一样容易。

或者你可能反驳说，赚钱是件复杂的事，毕竟经济学家是受过精心训练的复杂问题专家。因此，人行道上的100美元钞票不是任何人都能发现的，只有他们才能。巫师赚的钱不过是他们应得的，这是巫师多年学习的正常回报。然而，当巫师们在鸡尾酒会上、报纸上和政府委员会上告诉我们玉米、债券或住房的未来价格时，却不向我们收取咨询费。是的，免费。为什么他们要把他们上巫师学校的正当报酬交给普通百姓？在外人眼里，他们的魔法是系统的、公式化的，然而当你真正面对它时，会发现它非常简单。在黑板经济学的指导下，用几条直线拟合离散点，然后使用统计显著性来误解结果。只需要学习一门经济学理论课程和一门经济统计学课程，就能够预测未来并赚大钱。这个承诺令人难以置信，因为它听起来很像前文提到的"世界上最伟大的秘密"。与无限的财富相比，上巫师学校的费用微不足道；这个费用类似你伸手捡起地上的100美元钞票所付出的代价——你仅仅弯了一下腰。

如果你知道了美国问题和一百美元钞票定理，你就知道了经济学中的任何事情。如果我们知道太阳明天会升起，质数是奇数，我们就会知道聪明的人会很有钱，满是100美元钞票的人行道将被清理干净。因此，预测（比如对普通股的预测）平均而言毫无价值。注意，普通股与单纯的当前市场信息不同。单纯的当前市场信息是对当前赔率的陈述，是反映在价格上的公众舆论共识。收集统计证据证明一百美元钞票定理对华尔街成立，是很容易的：各地的股票市场确实以不可预测的方式摇摆不定。迄今为止的证据是压倒性的。（尽管其中一些证据在统计显著性上相互矛盾，但统计显著性没有用处。）1933年，现代统计经济学的创始人之一阿尔弗雷德·考尔斯（Alfred Cowles）提出了一个问题："股市预测者能预测吗？"他回答说："这是值得怀疑的。"考尔斯本人在1931年放弃了预测业务，为自己未能预见到大崩盘而感到羞耻。伯顿·马尔基尔（Burton Malkiel）的《华尔街的随机漫步》（Malkiel, 1985）对考尔斯以来的研究——例如P. H. 库特纳（P. H. Cootner）主编的《股票价格的随机特征》（Cootner, 1964）——进行了通俗易懂的总结。股价的可预测性值得怀疑。

或者你可以反驳说，毕竟，很多钱都是由聪明人赚的，比如他们在股票市场中赚的。但不少人也在迈阿密的赛马道上赚了很多钱。20世纪20年代初期，有人建议我的祖父斯图兰（Stueland）购买美国无线电公司的股票，但他买了电力股票，后来他为这个决定感到后悔。有些人确实买了无线电股票，你可能会认为他们一定知道这能赚钱（尽管当时像托马斯·爱迪生这样的人说无线电是昙花一现）。但是，有些人在股票经纪人那里或在迈阿密海厄利亚赛马道的100美元窗口处获胜，并不意味着他们的真实信念是有道理的。帮助他们获胜的是运气而不是技术。人们在老虎机上赢了钱，但不知道是怎么赢的，因为他们没有使用合理的、可说明的、可记录的技巧。即使有些人知道他们会赢（也许是老天爷托梦，或者他们知道内幕），普通读者也没有办法知道这些所谓的专家知道什么。他们为什么要告诉你？如果他们告诉你，这就违背了适度贪婪公理。

或者你可以辩驳说经济学家或股票、债券或房地产市场中的其他先知无法获得大笔贷款来赚大钱。然而，财团确实可以获得大笔贷款，如果成为经济学家就能拥有预测利率的能力，那么组建一个经济学家财团应该很简单。20世纪70年代初，斯坦福大学和芝加哥大学的著名经济学家所组成的财团认为，当时处于令人震惊的、前所未有的高水平利率（6%、6.5%甚至7.5%）必定会下降。换句话说，债券的价格必定会上涨。购买债券的好时机到了。经济学家们在吃午饭时抱怨说，银行家不借钱给他们来利用这个机会；这可是确定的、无风险的事情，是世界上最大的秘密。但可悲的是，最终银行家是对的。利率不但没有下降，反而继续上升。依靠其集体专业知识的经济学家联盟惨败；如果他们投资的话，肯定输得只剩下裤衩，注意是男士裤衩。（是的，每一个暂时忘记了科学的主要原则的经济学家都是男人。）

这是常规。经济学家知道一百美元钞票定理，但像其他人一样，他们热切地希望它不是真的，有时又希望它是真的。我自己也惨败过一两次，一次是房地产投资，我原本认为房地产交易一定会成功；还有一次是和一伙经济学家投资外汇。从约翰·梅纳德·凯恩斯和欧文·费雪（费雪曾负责耶鲁大学捐赠基金的保值和增值工作，1928年他投资股票失败，使耶鲁大学的捐赠基金减少到哈佛大学的一半），再到近期计划使用黄金投机的数学模型来赚钱的一些经济学家，他们都没有赢得银行家的信任。正如保罗·萨缪尔森（他在黑板上学过这些）所说的，"如果牙医或计量经济学副教授认为他仅使用电话，就可以比那些在非洲计算可可豆荚并跟踪每分钟新信息的人更有优势，那真成了笑话。"（Samuelson, 1986[1982]: 541）

经济学家中最著名的反例据说是已故的奥托·埃克斯坦（Otto Eckstein），他是一位非常审慎的优秀经济学家（很久以前，他教我们经济学原理，我应该就是从他那里学到了那个"美国问题"）。他将克莱因和廷贝亨的大规模经济统计模型的想法扩展到商业用途，将数据资源公司（Data Resources, Inc.,）打造成了一家成功的公司——其1984年的收入为8400万美元。然而该公司并没有使用自己对价格和利率的预测来进行投资。它把预测信息卖给了其他人，主要是卖给那些想要知识神话的公司，这些公司想要用这样的资料缓解它们面对世界不确定性时的焦虑，以及用来应付不开心的股东——"我们获得了最好的建议"。类似的，法国有很大一部分公司接受占星家的建议。如果占星家或数据资源公司相信他们自己的预测是正确的，他们可能会变得比现在更富有。即使奥托·埃克斯坦或保罗·萨缪尔森或其他小道消息提供者变得更富有，但这并不能回答那个"美国问题"。埃克斯坦和萨缪尔森，以及华尔街的路易斯·鲁凯瑟（Louis Rukeyser）和百老汇的热马赫比[1]，通过出售建议（以模型和统计方程式以及其他迷人的谈话形

---

[1] 热马赫比（Hot Horse Herbie）是一个人名。热马的原意是热血沸腾的赛马，在这里指赛道上最可能获胜的马。热马赫比的意思是赫比擅长猜测哪匹马为热马。——译者

式）而赚钱，而不是通过使用它而赚钱。老加图（Cato the Elder）报告说，在罗马，一些人用类似计量经济学的专业知识来检查肝脏，这些人一见面就忍不住大笑。

一个人不能忘乎所以。没有人怀疑，一个消息灵通的经济学家可以告诉你一两件关于未来的事情，而这些事情可能是作为非经济学家的你没有想到的。经济学家能够做到这一点的原因，主要在于他们充分了解当前的事实，再使用一些相当明显但难以学习的思想，例如机会成本、贸易收益、复式记账法或一百美元钞票定理。经济学家有用，他们通过提供咨询服务赚钱。正如A.C.哈伯格喜欢指出的那样，通过听从经济学家的建议（即并非每个限制市场的计划都是一个宏伟的想法），每年赚取的"微薄"收益足以支付世界上所有经济学家年薪的很多倍。或者正如罗伯特·索洛对数据资源公司提供预测服务的评论，"每个月它都会对数据进行有条理的描述，数据的安排形式使人们的注意力被吸引到似乎符合理性人对经济的理解的事件上"（Solow, 1981）。"美国问题"对那些几乎没有利润的预测毫不怀疑。如果预测是很平凡的，或者没有提供低买高卖的方法，那么它就无法帮助你赚钱。预测明年国民收入不会降到零，与预测明天太阳会升起一样不能帮你赚钱。当社会工程学仅仅给出这样的建议时，没有人能够反对。但悲剧是这样的：廷贝亨社会工程总是依赖于能够赚钱的知识，而这些知识是不可能以廉价获得的。

因此，后现代经济学家对能够赚钱的知识（利用其来低买高卖）持谦虚态度。她对20世纪60年代的经济学"壮举"感到尴尬：那时经济学家自豪地宣称，为了抵消即将到来的萧条，可以"微调"经济，即对货币和税收进行详细调整。正如经济学家们和卡梅洛特[1]的其他骑士们在悲剧从贵族的骄傲中萌芽之后所意识到的，如果经济学家能看到未来，他就会变得富有。微调违反了一百美元钞票定理：微调者看到几十张100美元钞票躺在她家附近的人行道上。如果真有能使微调成功的知识，那么掌握这种知识的经济学家将非常富有。没有一个社会工程项目能够经得起"美国问题"的考验。

对于新闻学、社会学、政治学、商业艺术、数学、科学领域中任何趋势的预测，我们都可以问这个"美国问题"。例如，有些人可以预测服装时尚，但不是通过可写出的方法预测的。他们可能有真实的信念，但提供不了正当的理由。如果预测方法可以作为常规写出来，那么它就不再是有价值的了。成功的时装设计师有秘密的技巧，他们因此获得了大笔报酬，但无论如何他们都不会将这些技巧泄露出去。如果衣服下摆的长度跟随股市波动，那么这个事实被用来赚取廉价的财富，而且这个事实将被过度利用。但"廉价的财富"是一种自相矛盾的说法，财富不可能廉价。

在对股市的预测问题上，一些人认为任何对偏好的预测都是可能的，这是值得怀疑的。对人类偏好的预测也趋向于自相矛盾。广告商声称自己可以预测并因此操纵偏好，这是为自己做的一个好广告，但在其他方面是值得怀疑的。当万斯·帕卡德（Vance

---

1　卡梅洛特（Camelot）是亚瑟王的宫殿。——译者

Packard）写《隐藏的劝说者》一书时，他认为广告的力量非常大，他的广告界朋友很高兴。J. K. 加尔布雷思（J. K. Galbraith）也为麦迪逊大道做了同样的事情：加尔布雷思说服有影响力的人，宣称广告商有能力让人们购买他们的东西。如果偏好可以像广告评论家所说的那样容易操纵，那么广告商就会很富有。艾奥瓦大学最近的一项研究发现，电视广告活动改变消费者主意的能力低于其所声称的（Tellis, 1988），这并不令人感到惊讶。

在哲学家国王和中央计划者生活的世界里，他们希望程序、机制、计算、官僚主义、MBA学位和其他廷贝亨技术能够让我们保持温暖和安全。正如"美国问题"深刻提醒我们的那样，这不可能，尽管世界似乎愿意为这种幻想付出代价。这并不是说获得有关经济的机械知识的项目毫无价值。正如经济学家所说，在一定范围内，这是值得的。除了经济学，这个世界几乎没有其他基石。[1] 每个人书写时都需要使用字母表，某个腓尼基天才发明了字母表并靠它发了财，然而，之后没有人能指望再通过字母表来赚钱。

在《浮士德》的开场白中，在浮士德博士将烦恼变成魔法之前，他哀叹道："我看到我们什么都不知道！/这几乎让我心碎。"他立即修正了这种全面的怀疑论，因为"美国问题"并不意味着

---

[1] 原句为"The world runs on little else"，这句话应该是仿效凯恩斯在《就业、利息与货币通论》（高鸿业译，北京：商务印书馆，1999年，第396页）中的名句："的确，世界就是由它们统治着的"（Indeed the world is ruled by little else），意为经济学和政治学的影响力太大了（除此之外，几乎没有其他东西有那么大的影响）。——译者

我们什么都不知道，而是意味着——正如代表学者群体的浮士德所抱怨的——在如何改善人类福利的方面，我们什么都不知道。作为廷贝亨社会工程师的浮士德，经过进一步思考，明白了这一点：他的研究，他那该死的研究，没有教给他任何能让"浮士德博士"这个人类榜样的处境变得更好的东西。"我没有财产，也没有钱，/没有这个世界上的荣誉和荣耀：/没有人应该继续这样生活。"悲剧就在这里，不存在能让浮士德赚钱的预测。为了牟利，浮士德寻求"世界上最大的秘密"；在适当的时候，他获得了这个秘密，尽管不是在人行道上免费获得的；浮士德由此得到了他的财产和金钱。

哈里·杜鲁门（Harry Truman）曾说道："专家是不想学习任何新东西的人，因为如果还想学习那他就不是专家了。"这似乎是对的。充满书卷气的专家，提供的咨询服务不过是人们已经知道的知识；从专家的本性看，他不会学习任何新东西，因为那样他就不是专家了。他将是一位企业家、政治家或大写的艺术家[1]。批评专家的人，可以通过讲述历史常识，让这些非专业企业家变得更聪明。但这样的批评家必须坦然接受自己的低工资。这样的人了解自己的知识局限性，是社会的智者，而不是社会工程师。

---

[1] "大写的艺术家"（Artist），源自"Art with a capital A"（Art），指把艺术当作神圣的事物看待。——译者

社会工程学是不自由的

关于社会工程学的另外一个大问题，我没太多话可说，因为作为一名经济学家，我对政治学或政治哲学不是很了解（因此我对这个主题的讨论，若有谬误请多包涵）。

这另一个问题是，社会工程对自由抱有敌意。我知道我这样说会让很多经济学家同事生气，因为他们在向荷兰或美国政府提出建议时并没有这样的目的。但我看不出如何摆脱这个两难困境。要么你把人们当作自由的成年人来尊重，让他们自由做事；要么你不这样做，而是想要驾驭他们。社会工程学关注的不是被称为"社会"或"经济"这样没有人格的抽象事物。它是关于真实的人，是你、我和她（他）。这其实不是"社会工程"。这是"人类工程"。

我知道，经济学家是出于对人类的热爱才推荐社会工程的。廷贝亨当然也是出于这个目的，他在20世纪50年代转向研究全球贫困就是个例子。然而，即使是简单的、人与人之间的爱也不能说明无论干什么都是正当的。父亲殴打孩子是因为爱。我姐姐的动机是爱。一旦你超越了人与人之间的爱，就会有问题。世界范围的"爱"是个奇怪的男性想法。热切地写出"人类兄弟情谊"字眼的是男人，而不是女人。的确，从18世纪末的反奴隶制贵格会[1]开始，一种模糊而普遍的爱在现代世界就行得通。几十年来，

---

1 贵格会，也称公谊会，属于基督教派，废除礼仪，反对暴力和战争。——译者

英国人出于纯粹的资产阶级美德,在奴隶海岸保留了一个海军中队。但是,如果你接受英国政府的这种做法,你就必须接受它可以用这种军事力量做其他事情,例如鸦片战争。

你可以用一种更抽象的方式来思考自由的问题,这种方式对我那些效力于美国政府或在社会工程项目中提供建议的经济学家同行不那么侮辱。在人文主义圈子里,一个时髦的做法是谈论"启蒙运动的困境"(the aporia of the Enlightenment project),即理性与自由、社会工程与自主之间的矛盾。"aporia"意味着"犹豫不决"(在希腊语中,它的字面意思是"缺乏前进的好路,特别是缺乏过河的浅滩")。现代世界在18世纪的两个思想之间犹豫不决。

第一个思想涉及自由。"现代"与"古代"的自由有所不同。古代的自由是参与城邦的自由,即成为社会群体成员的自由。令人奇怪的是,多数决原则(majority rule)是一种古代自由的原则。相比之下,现代自由在某种意义上是不加入某个群体的自由,无论这个群体是一个由自由的男性公民组成的小城邦,还是一个对分布在半个大陆的2.65亿人负责的国家[1]。这是独处的自由,即使这样做会被多数人"抛弃"。这个原则被约翰·斯图亚特·穆勒(John Stuart Mill)等古典自由主义者提升为首要政治原则。

独处的自由是18世纪的第一个思想。第二个思想是社会理性,将审慎提升到美德的最高境界,随之而来的是社会工程和我

---

[1] 此处指作者所在的国家——美国。——编者

们所有的不幸。杰里米·边沁（Jeremy Bentham）是一个非常奇怪的人，他为现代经济学设定了议程，他将审慎称为"效用"。他于1780年写成并于1789年出版的《道德与立法原理导论》中写道：

> 大自然为人类指定了两个至高无上的统治者——痛苦和快乐。它们且只有它们才能规定我们应该做什么。这两个统治者有两个工具，一个是"是"与"非"的标准，另一个是"因"与"果"的链条。它们支配着我们所做的一切……"效用原则"承认这种服从性。（Bentham, 1789: 125）

经济学是启蒙运动的产物，它试图将18世纪的两个思想结合在一起，形成下列学说：让人们独处是最理性的政策，并且会带来最大的效用。简而言之，自由带来最理性。多么不可思议！这是我所属的芝加哥学派的学说，我希望它能站得住脚。问题在于启蒙运动的两种思想经常发生冲突，这不难说明，为了做到这一点，你可以使用统计显著性和黑板来证明（如果你坚持使用这些工具或方法的话），你甚至可以通过更明智的方法——使用常识来说明。

你可以很容易看到，一个自由的社会有时候是明显非理性的，而理性的社会有时是明显不自由的，后面这点对我的论证更重要。一方面，如果你给人们自由，结果可能就是非常不平等的社会或经济非常萧条的社会。（迪尔德丽阿姨实际上并不相信这两种说法，并且她和她的芝加哥同事们认为，不平等和经济萧条往往正是由社会工程师所喜欢的理性原则造成的，例如最低工资法，或者美联储忽略"美国问题"企图打败市场的做法。但她尽力保持公正。）另一方面，如果你尝试实现理性社会，即效用最大化的社会，结果就是不自由。你可以在现代建筑中看到这一点，尤其是在芝加哥的罗伯特·泰勒故居等现代主义的例子中。这些建筑，与其说是"家"，不如说是监狱。你也可以从美国政府支出在国民收入中的惊人份额中看到这一点，现在的份额超过了50%，而一个世纪前只有5%或10%。

人们很容易对"自由"这个词感到困惑。有个古老的笑话说道，在资本主义制度下，穷人有睡在桥下的"自由"。但是，"自由"不应该被理解为"对需求或欲望没有任何限制"。它是个政治概念，而不是经济或物理概念。自由并不意味着我们拥有无限的财富或飞行能力。我们已经有了"财富""平等""机会"等词，我们也有"反重力机器"等词。例如，用"自由"来表示"免于饥饿的自由"，就是在滥用这个词而贬低它的价值。饥饿是坏事，但这并不意味着吃饱就等同于"自由"。我们不能把自由作为"我们希望的好事"的同义词。英国政治哲学家以赛亚·柏林（Isaiah Berlin）指出，认为最大效用（例如，境况更差的人获得更高的收入）与自由是一回事，是不对的。把这二者混为一谈，并声称审慎可以兼顾所有其他美德，这是边沁的错误。另一位英国政治哲学家迈克尔·奥克肖特（Michael Oakeshott）称边沁的思想是"若干精确思想的混沌"，顺便说一句，这并不是对现代经济学的一个坏描述，如果考虑到它后来长期沾染克莱因、萨缪尔森和廷贝亨的恶习的话。但无论如何，如果一些经济学家声称他可以为了你的利益而审慎，而且这种知识可以使他变得富有，你就不应该相信他们，并且作为一个成年人，这不是你应该支持的事情。

我全部的意思是说（我提醒过你，迪尔德丽阿姨不是一个政治哲学家），操纵其他自由的成年人是不好的。即使审慎原则说这是"为了这些人的利益"，这也是不好的。"审慎是王牌、是我们唯一需要的美德，我们作为社会工程师的任务就是将其最大化"的观点，不仅在伦理上错误，在实践上也错误。边沁错误地认为审慎是唯一的美德。他的《道德与立法原理导论》是现代经济学风格下的精心"论证"，即"唯一可能存在的、行动的正确基础，归根结底是考虑效用"（Bentham, 1789: 146）。他将所有美德都归结为 Max U，并"得出结论"："已经证明［注意这个说法，这是黑板证明］个人的幸福……是立法者应该持有的目的并且是唯一的目的"（第147页）。边沁将幸福理解为快乐和痛苦：$U=F(X, Y, Z)$。

出于审慎的目的，母亲会管控她的三岁孩子。当孩子要跑到电车前时，母亲伸手抓住他的胳膊并阻止了他。然而，将这种做法推广到管控成年人时，审慎是不公正的。当审慎成为社会工程师应该考虑的唯一目的时，其他美德——正义、节制、勇气和爱心就会受到损害。

事情就是这样。经济学家自己已开始认识到克莱因、萨缪尔森和廷贝亨的现代主义计划的局限性。他们可以从经济学内部看到局限性。如果稍微超出经济学范围，其局限性就会变得更加明显。也许这就是为什么一些经济学家专注于他们的现代主义机器，就像一个自闭症儿童专注地用头撞墙一样。我发现，试图和他们讲道理是没有意义的，因为道理不是他们热爱机器的原因。他们在沙盒里玩玩具卡车和玩具推土机，把他们的城堡移来移去。老天，我希望我能有那个口才把他们从游戏中唤醒。

第五章
一种新的、谦虚的经济科学

怎么办，我们应该怎么办？当我对20世纪40年代的机械经济学提出这三个批评时，即使是最认真的听众也会感到生气和困惑。迪尔德丽阿姨不希望我们使用统计显著性、黑板经济学和社会工程学。是的，我能理解她的意思。但是我们应该怎么办？

这是个衡量经济学偏离科学目的有多远的问题，大多数经济学家不知道该如何回答。然而，答案逐渐明显。与其进行统计显著性分析，不如准备一个具有所有计量经济学的复杂性的测量方法，然后与你的同事彻底讨论多大才算大。提出"多大才算大"的标准，例如所谓的市场一体化中的"延贝里-泽克标准"（Genberg-Zecher Criterion）：你想知道美国经济是与世界相连的还是孤立的？好吧，你已经决定将美国经济内部视为一个市场。这提供了一个标准，一个你可以从外部衡量这种连接的尺度。你想知道最低工资对失业的影响是大还是小？提出一个明确的损失函数，在这个函数中，你将失业的人力成本与低工资进行对比。关于"多大才算大"的讨论是科学家们在测量后重点要做的事情。

与其使用黑板经济学，不如像芝加哥大学的面试官问那个"研究"阿罗不可能定理的年轻求职者那样，问问经济学的每一篇毕业论文或文章：那又怎样？关于实际的经济世界，你教会了我什么？注意，不是假设的世界，而是我们生活的这个世界。你是怎么知道的？如果经济学家对学术投机的容忍度降低，对他们的要求更科学，培养博士的机构就会做出调整。停止从本科数学系那里招收经济学研究生。从历史、物理学或生物学专业多招生。将研究生课程从所谓的"理论家"手中拿走，交还给那些关心学习"窗外事"的人。阿乔·克莱默和大卫·科兰德（David Collander）询问美国知名经济系里的研究生，经济学家了解现实经济是否重要。认为这"非常重要"的百分比仅为3%，这个结果让一些不认为假设A'范式的经济学出现危机的人都感到悲哀。这个问题引起了美国经济学会的注意。然而，推崇A'范式的教条主义专家们阻止了改良行动，他们希望经济学中有更多而不是更少的数学系价值观。对此，迪尔德丽阿姨的建议是什么？开始投票反对A'范式专家，尽管他们傲慢和不宽容，但他们通常占少数。称他们虚张声势。如果你不停地问："那又怎样？""你是怎么知道的？"他们就无法为自己的"科学"工作辩护。不要再雇用那些声称自己的优势是掌握了公理化方法的人，这在数学系很重要，而在物理系微不足道。

与其使用社会工程从每个细节调控经济，不如帮助经济设计出无损害的制度，然后让它们发挥作用。经济政策可能会造成损害。试图事无巨细地规划，对经济来说可能是灾难性的。放下操纵杆。要谦虚。首先要知道你的知识局限。

然而我真的不认为这些事情会很快发生，所以在中期（未来十年左右），我预计经济学家会继续生产近乎弱智的科学，表现为期刊继续充满统计显著性、黑板理论化和社会工程学的肤浅建议。这种失败的方法不可能促进科学进步，但它能批量生产混饭吃的经济学家。

从长期来看，我比较乐观。我的乐观来源于我所在的芝加哥学派的信念，即腐朽的均衡是不可持续的，一旦研究生认识到：发现一些关于经济世界的东西并进行解释，是实际的、持久的科学，他们就会看到自己的100美元钞票并抓住它。经济学可以回到经济科学。但是这需要对科学研究方式进行重大改革。也许令人奇怪，但我仍要指出，如果要超越统计显著性、黑板证明和社会工程学的沙盒游戏，必须在经济学内部实施伦理变革，是的，伦理变革。

我认识到，在讨论科学时，尤其是在讨论经济科学时，把话题转向伦理学听起来很奇怪。但是我在本书中一直认为，伦理、品格、身份对于科学和经济都是必要的。把经济学当作研究机器的科学，与机器社会（例如由计算机构成的社会）的研究一样，毫无意义。除非我们都是机器、都是科学家和经济的"演员"，否则我们不可能被装在模型之中，不可能被在黑板上证明，也不能被证明是统计显著的。（再次回想一下，这种不可能性来自经济科学本身。）

但是，如果你是经济学家，你会反对我的建议。大约一个世纪以来，经济学家一直认为他们是公正的，是实证科学的而不是规范科学的实践者。我自己也曾经相信过。这是错误的。我报告了我从科学研究前沿的朋友（社会学家、哲学家和科学史学家）那里听到的东西。他们总结道，科学家并不是他们自己希望被视作的那种浪漫而客观、热情而阳刚的英雄，而哲学家卡尔·波普尔（Karl Popper）使他们成为英雄。科学家是真实的人。

这个来自过去四分之一世纪的科学研究的惊人论断，意味着和生活的其他部分一样，科学是一个伦理问题，而不是一个使用统计显著性、黑板理论或社会工程等"儿童玩具"的问题。我对"ethos"一词的理解，来自它在希腊语中的意思——人格，即我们在家中、实验室或图书馆每时每刻生活的人格。科学伦理学不是令人关注的撒谎大案。这是关于科学家在判断最低工资系数或推荐荷兰"绿心"政策时所依据的道德品质。

目前我们对美德只有两种思考方式，但是这两种方式都已经过时了。一种方式是贵族式的美德，它包含四种"非教徒"美德，即审慎、节制、正义和勇气，其中勇气最重要。贵族，从《伊利亚特》到牛仔电影中的贵族，都是可敬、心地善良和容易生气的。"你这个酒囊饭袋，长着狗的眼和鹿的心，"阿喀琉斯对阿伽门农怒气万分地说，"你从来没有从心里鼓起勇气与你的人民并肩作战。"显然，与审慎、节制或正义相比，阿喀琉斯更看重勇气。这是一种男性伦理，一种勇气的梦想。

另一种思考美德的方式是小农式和宗教人士式的，甚至是基督教徒式的，就像圣保罗一样。圣保罗说，美德是信仰、希望和爱；其中最伟大的是爱。这是一种女性伦理，一种爱的梦想。美德的这两种方式都被人们使用。奥德修斯向希腊人阵营中的其他英雄提供贵族建议。或是耶稣赤脚站在山上,向平民传道。英雄或圣人。

但是我们既不是英雄,也不是圣人。我们是城镇居民。现代经济学(以及现代爵士乐、现代建筑、现代绘画、现代诗歌)的伦理大多数时候是贵族式的,有时候是小农式的,但不是资产阶级式的。现代主义者,从20世纪早期的意大利未来主义者,到20世纪20年代的英国文学现代主义者,再到20世纪90年代的第四代萨缪尔森主义者,都认为自己是新贵族。(尽管当他们被否定时,他们表现得更像是受挫的小农。)

弗吉尼亚·伍尔夫有句名言:"大约在1910年12月,人性发生了变化。"有人对此表示怀疑。在19世纪的最后几十年里,西方知识阶层越来越远离孕育它的资产阶级世界,并希望成为更高层次的东西。知识阶层希望使小说变得困难且具有技术性——想想伍尔夫或乔伊斯——使它们远离未受过教育的人的手中,并将知识分子提升为一种新的神职人员,一种新的精神贵族。绘画、音乐和哲学的状况也是如此。知识阶层希望使一切变得困难且具有技术性,它成功了。克莱因、萨缪尔森和廷贝亨是中期的现代主义者。

现代主义的恶习源自骄傲,骄傲是贵族或想成为贵族的人的典型特征。认为社会工程可以发挥作用,认为一个聪明的小伙子的黑板证明可以胜过世界或时代的智慧,认为一个像统计显著性这样的机器可以告诉你一个数字有多大或有多小,这些都是傲慢的观点。骄傲这种贵族恶习，隐藏在最优秀人才（例如建筑设计界的包豪斯和经济学界的萨缪尔森）的背后。我知道小农的恶习有时也隐藏在他们的背后，但在理解人们如何以这种方式行事上我没有多少能说的。有时候，当我向经济学家提供一些有用的（免费）建议时，他会回答说："是的，我知道统计显著性可耻。是的，再虚构一个从未出现或将来也不会出现的世界模型是没有用。当然，你是对的，社会工程学是自相矛盾的，往往会造成道德滥用。但是它们能带给我很高的工资，非常感谢你的建议，我会继续做下去。祝你快乐，女士！"经济学本身就产生了这种小农式的观点。我们有时认为，在约束条件下使好处最大并追求每一种好处（无论多么小），都是资产阶级式的思维。不对。这些是小农的科学和道德，而不是资产阶级的科学和道德。

好的科学运作方式就是好的市场运作方式，它们不是像我们经济学家经常认为的那样匿名地、机械地运作，而是通过信任、对话和说服机制运作。阿乔·克莱默和我发现，国民收入的四分之一花了在甜言蜜语的说服上。资产阶级社会建立在对事情的详细讨论上。夏洛克说："我会和你一起走，我会和你谈谈，里亚托有什么消息？"

我认为，18世纪的思想家，如亚当·斯密，试图表达资产阶级的美德。对于经济学来说，斯密的例子是关键。斯密是位伦理哲学教授。他写了两本书，一本是关于审慎的研究，边沁和其他一些人将其归结为唯一的美德。但斯密的另一本书《道德情操论》解释了审慎在其他美德中的位置。斯密把从贵族的勇气到基督徒的爱等一系列美德（他未列入信仰和希望，它们在现代世界中是危险的；它们在19世纪复活了）按照一定顺序进行了排列：

亚当·斯密将审慎作为美德体系的中心

勇气　节制　审慎　正义　爱

勇气和爱被故意放在边缘，因为很危险。例如，斯密对商业勇气、冒险精神几乎没有热情。他也没有过分依赖普世的爱。在他的所有著作中，他最强调三种核心美德：审慎（体现在《国富论》中）、节制（体现在《道德情操论》中）和正义（体现在他未出版的《法理学讲座》中）。重要的是，斯密重视审慎，但他是在一个包含所有美德的体系中重视审慎的。斯密没有像边沁和萨缪尔森那样将审慎独立出来。

我说话像个古典自由主义者。现代主义不是正确的路线。"三种恶习"的最终问题与其说是科学上的失败，不如说是自由问题上的失败。小农式机械的经验主义、贵族式的骄傲理论，不是自由社会的基础；正如我所说，社会工程学是自由社会的死亡。（我也是以"公民人文主义者"的身份发言的，这种［比自由主义更古老的］传统认为人类是政治动物。我们希望成为城市、专业团体、家庭的光荣成员。我认为将自由主义和公民人文主义传统结合起来的方式，是我所说的"修辞学"，即在科学和社会中进行严肃对话的艺术。但我不会在这里深入探讨。[1])

我同意我的后现代主义者同行们的观点，即法国形式的理性主义行不通，而且导致了集中营。但他们不同意我在这里的主要结论。我的结论是，我们需要依靠的是苏格兰启蒙运动，而不是法国启蒙运动或巴黎法语中所说的反启蒙运动。经济学是苏格兰启蒙运动中的一个项目。在经济学中，我们需要回到大卫·休谟和亚当·斯密的智慧和道德美德。然而，我们需要它们的原因并不局限于经济学。我们需要尊重一套新的美德，它既适合市场，也适合学术。论坛（forum）的意思是"公开讨论问题的地方"，但这个词源于"市场"，一个包含资产阶级美德的地方。希腊的集市是希腊民主发生的地方，这也不是偶然的。我们知识分子需要放弃对小农式和贵族式美德的怀念，不要做在沙盒里玩游戏的孩子，而是要成为经济生活中的严肃说服者。

---

[1] 有关作者对于"修辞学"的深入探讨，可见作者的另两部作品：《经济学的修辞》《经济学的叙事》。——编者

中英文书名、文章名、期刊名对照表

道德情操论，The Theory of Moral Sentiments
道德与立法原理导论，A Fragment on Government, with an Introduction to the Principles of Morals and Legislation
法理学讲座，Lectures on Jurisprudence
浮士德，Faust
改造传统农业，Transforming Traditional Agriculture
谷物利息：中世纪英格兰谷物储存的规模和成本，Corn at Interest: The Extent and Cost of Grain Storage in Medieval England
股票价格的随机特征，The Random Character of Stock Prices
国富论，The Wealth of Nations
国际统计百科全书，International Encyclopedia of Statistics
华尔街的随机漫步，A Random Walk Down Wall Street
几何论证的伦理学，Ethica Ordine Geometrico Demonstrata
计量经济学教程，A Textbook of Econometrics
计量经济学课程，A Course in Econometrics
计量经济学手册，Handbook of Econometrics
价格理论的应用，The Applied Theory of Price
经济科学状况的三篇论文，Three Essays on the State of Economic Science
经济学中的真理与精确，Truth and Precision in Economics
科学，Science

理想国，The Republic

利维坦，Leviathan

垄断资本，Monopoly Capital

美国经济评论，American Economic Review

纽约客，The New Yorker

神学大全，Summa

实践中的计量经济学：问题与展望，Econometrics in Practice：Problems and Perspective

统计学手册，Handbook of Statistics

一般竞争分析，General Competitive Analysis

伊利亚特，Iliad

隐藏的劝说者，The Hidden Persuaders

参 考 文 献

Adelstein, R. P. 1991. "'The Nation as an Economic Unit': Keynes, Roosevelt and the Managerial Idea." *Journal of American History* 78 (June): 160-187.

Arrow, K. 1959. "Decision Theory and the Choice of a Level of Significance for the *t*-test." In Ingram Olkin et al., eds., *Contributions to Probability and Statistics: Essays in Honor of Harold Hotelling*. Stanford: Stanford University Press.

Bacon, F. 1620. "The New Organon and The Great Instauration." In S. Warhaft, ed., *Francis Bacon: A Selection of His Works*. Indianapolis: Bobbs-Merrill, 1965.

Baran, P. and P. Sweezey. 1966. *Monopoly Capital*. New York: Monthly Review Press.

Bentham, J. 1789. *A Fragment on Government, with an Introduction to the Principles of Morals and Legislation*. Ed. W. Harrisson. Oxford: Basil Blackwell, 1948.

Borenstein, N. S. 1992. "Colleges Need to Fix the Bugs in Computer-Science Courses." *Chronicle of Higher Education* 38 (45, July 15): B 3-4.

Boring, E. 1919. "Mathematical versus Statistical Significance." *Psychological Bulletin* 16 (October): 335-38.

Brock, W. A. 1988. "Introduction to Chaos and Other Aspects of Nonlinearity." In W. A. Brock and A. G. Malliaris, eds., *Differential Equations, Stability, and Chaos in Dynamic Economics*. New York:

North Holland. (October 30, 1987 draft, Department of Economics, University of Wisconsin)

Bye, R. T. 1924. "Some Recent Developments of Economic Theory." In R. G. Tugwell, ed., *The Trends of Economics*. New York: Knopf, pp. 271-300.

Card, D. and A. N. Kreuger 1994. "Minimum Wages and Employment: A Case Study of the Fast-Food Industry in New Jersey and Pennsylvania." *American Economic Review* 84/4: 772-93.

Coase, R. 1988. *The Firm, the Market and the Law.* Chicago: University of Chicago Press.

Cootner, P. H., ed. 1964. *The Random Character of Stock Prices.* Cambridge, Mass. : MIT Press.

Cowles, A. 1933. "Can Stock Market Forecasters Forecast?" *Econometrica* I (July): 309-24.

Dalen, H. van and A. Klamer 1996. *Telgen van Tinbergen: Het Verhaal van de Nederlandse Economen.* Amsterdam: Balans.

Debreu, G. 1984. "The Mathematization of Economic Theory." *American Economic Review* 81 (March): 1-7.

Maddala, G. S., C. R. Rao and H. D. Vinod, eds. 1993. Handbook of Statistics, 1993. Amsterdam: North-Holland.

Feyerabend, P. 1978. *Science in a Free Society.* London: New Left Books.

Feynman, R. 1963. *The Feynman Lectures on Physics.* Vol. I. Reading, Mass. : Addison-Wesley.

Feynman, R. 1985. *Surely You're Joking, Mr. Feynman! Adventures of a Curious Character.* As told to R. Leighton, edited by E. Hutchings. New York: W. W. Norton.

Fishback, P. 1992. *Soft Coal, Hard Choices: The Economic Welfare of Bituminous Coal Miners.* New York: Oxford University Press.

Freedman, D., R. Pisani and R. Purves. 1978. *Statistics.* New York: Norton.

Gibbard, A. and H. R. Varian. 1979. "Economic Models." *Journal of Philosophy* 75: 664-677

Goldberger, A. 1991. *A Course in Econometrics.* Cambridge, Mass.:

Harvard University Press.

Goldin, C. 1992. *Understanding the Gender Gap: an Economic History of American Women.* New York: Oxford University Press.

Griliches, Z. and M. D. Intriligator 1983. *Handbook of Econometrics.* Amsterdam: Elsevier.

Heilbroner, R., and W. Milberg. 1995. *The Crisis of Vision in Modern Economic Thought.* Cambridge, UK: Cambridge University Press.

Hodges, A. 1983. *Alan Turing: The Enigma.* New York: Simon and Schuster.

Johnstone, J. J. Econometric Methods, 2nd ed. New York: Mc-Graw-Hill.

Klamer, A. and D. N. McCloskey 1995. "One Quarter of GDP is Persuasion." *American Economic Review* 92 (May): 191-195.

Klein, L. R. 1953. *A Textbook of Econometrics.* Evanston: Row, Peterson.

Klein, L. 1985. *Economic Theory and Econometrics.* Ed. Jaime Marquez. London: Blackwell.

Koopmans, T. 1957. *Three Essays on the State of Economic Science.* New York: McGraw Hill.

Kruskal, W. 1982. Personal correspondence with D. N. Mc-Closkey.

Kruskal, W. 1968 (updated 1978). "Significance, tests of." In *International Encyclopedia of Statistics.* New York: Macmillan.

Kruskal, W. 1978. "Formulas, Numbers, Words: Statistics in Prose." *The American Scholar* 47 (Spring): 223-29. Reprinted in D. Fiske, ed., *New Directions for Methodology in Social and Behavioral Sciences.* San Francisco: Jossey-Bass, 1981.

Leamer, E. 1983. "Let's Take the Con Out of Econometrics." *American Economic Review* 73 (March): 31-43.

Leamer, E. *Specification Searches.* New York: Wiley.

Leontief, W. 1982. "Letter: Academic Economists." *Science* 217: 104, 107.

Malkiel, B. 1985. *A Random Walk Down Wall Street,* 4th ed. New York: Norton.

McCawley, J. D. *Everything That Linguists Have Always Wanted to*

Know About Logic (but Were Ashamed to Ask). Chicago: University of Chicago Press.

McCloskey, D. N. 1985. *The Applied Theory of Price,* 2nd ed. New York: Macmillan.

McCloskey, D. N. 1985. *The Rhetoric of Economics.* Madison: University of Wisconsin Press.

McCloskey, D. N. 1990. *If You're So Smart: The Narrative of Economic Expertise.* Chicago: University of Chicago Press.

McCloskey, D. N. 1994. "Bourgeois Virtue." *American Scholar* 63 (2, Spring): 177-191.

McCloskey, D. N. 1994. *Knowledge and Persuasion in Economics.* Cambridge, UK: Cambridge University Press.

McCloskey, D. N. and S. Ziliak 1996. "The Standard Error of Regression." *Journal of Economic Literature* 93 (March): 97-114.

Monk, R. 1990. *Ludwig Wittgenstein: The Duty of Genius.* London: Jonathan Cape (Vintage ed. 1991).

Morishima, M. 1984. "Good and Bad Uses of Mathematics." In: P. Wiles and G. Routh, eds., *Economics in Disarray.* Oxford: Blackwell, pp. 51-73.

Morrison, D. E., and R. E. Henkel. 1969. "Significance Tests Reconsidered." *American Sociologist* 4 (May): 131-140. Reprinted in D. E. Morrison and R. E. Henkel, eds. *The Significance Test Controversy: A Reader.* Chicago: Aldine.

Neyman, J. and E. S. Pearson. 1933. "On the Problem of the Most Efficient Form of Statistical Hypotheses." *Philosophical Transactions of the Royal Society,* ser. A, 231: 289-337.

Pool, R. 1989. "Strange Bedfellows." *Science* 245 (18 August): 700-703.

Samuelson, P. 1947. *The Foundations of Economic Analysis.* Cambridge, Mass.: Harvard University Press.

Samuelson, P. 1986 (1982). "Paul Cootner's Reconciliation of Economic Law with Chance." Reprinted as pp. 537-51 in K. Crowley, ed., *The Collected Scientific Papers of Paul A. Samuelson,* vol. 5. Cambridge, Mass.: MIT Press.

Schöpenhauer, A. 1852. *Essays and Aphorisms.* Trans. R. J. Hollingdale. Harmondsworth: Penguin, 1970.

Schultz, T. 1964. *Transforming Traditional Agriculture.* New Haven: Yale University Press.

Solow, R. 1981. "Does Economic Make Progress?"*Bulletin of the American Academy of Arts and Sciences* (December).

Summers, L. 1991. "The Scientific Illusion in Empirical Economics." *Scandinavian Journal of Economics* 93 (2): 27-39.

Tellis, G. J. 1988. "Advertising Exposure, Loyalty and Brand Purchase: A Two-Stage Model of Choice." *Journal of Marketing Research* 15 (May): 134-44.

Tinbergen, J. 1952. *On the Theory of Economic Policy.* Amsterdam: North-Holland.

Wald, A. 1939. "Contributions to the Theory of Statistical Estimation and Testing Hypotheses." *Annals of Mathematical Statistics* 10 (December): 299-326.

Wallis, W. A. and H. V. Roberts 1965. *Statistics: A New Approach.* New York: Macmillan.

Walras, L. 1874/1900. *Elements of Pure Economics.* Trans. W. Jaffe. Homewood, Ill. : Irwin.